转型发展　砥砺前行

——北京现代职业学校职业体验课程成果集

朱林海　主编

北京出版集团公司

北 京 出 版 社

图书在版编目（CIP）数据

转型发展 砥砺前行：北京现代职业学校职业体验
课程成果集／朱林海主编. — 北京 ：北京出版社，
2017.9
ISBN 978－7－200－13226－7

Ⅰ．①转… Ⅱ．①朱… Ⅲ．①职业选择—教学研究—
中等专业学校 Ⅳ．①G717.38

中国版本图书馆 CIP 数据核字（2017）第 208814 号

转型发展 砥砺前行
——北京现代职业学校职业体验课程成果集
ZHUANXING FAZHAN DILI QIANXING
朱林海 主编

*
北 京 出 版 集 团 公 司
北 京 出 版 社 出版
（北京北三环中路 6 号）
邮政编码：100120
网 址：www．bph．com．cn
北 京 出 版 集 团 公 司 总 发 行
新 华 书 店 经 销
北 京 建 宏 印 刷 有 限 公 司 印刷
*
787 毫米×1092 毫米 16 开本 15.75 印张 233 千字
2017 年 9 月第 1 版 2017 年 9 月第 1 次印刷
ISBN 978－7－200－13226－7
定价：42.00 元
如有印装质量问题，由本社负责调换
质量监督电话：010－58572393

编 委 会

主　编：朱林海
副主编：魏　民
编　委：(排名按姓氏笔画为序)
　　　　王　宏　白　振　吴　峥　陈　亮

现代企业经营实战模拟课上获胜团队领奖

在银行小小技能手课上学生展示体验成果

学生专心演练珠算

学习"咱们身边的那些税"之后学生获颁"小小税务宣传员"证书

中医药传统制剂体验之照方抓药

在人体的奥秘课上体验测量血压

学生体验急救互救之包扎

学生在显微镜下的世界课上认真观察

学生体验做魅力小导演

专心致志做小小电脑维修师

学生体验照片 DIY

展示学生 3D 设计初体验作品

体验小小物流员

学生体验金牌小客服工作

学生进行小小收银员体验

感受非物质文化遗产传承之油纸伞

一板一眼品茶艺

师生分享泥塑艺术

妙手丹青工艺师之葫芦文化

学生在体验课上探寻植物的秘密

学生体验结绳艺术

学生进行小小消防员体验

民族体育项目之抖空竹

北京现代职业学校职业体验
课程建设工作总结会

北京现代职业学校职业
体验课程研讨会

北京现代职业学校计算机
特色教研展示活动

北京现代职业学校参加
学区展示交流活动

北京法国学校留学生学习皮影

美国留学生品味中国传统文化

美国留学生来校交流葫芦绘画

艺术素养类教师培训课程

综合素养类教师培训课程

信息技术类教师培训课程

财商素养类教师培训课程

社区居民来校体验中医养生文化

教师到社区讲葫芦文化之鸣虫葫芦

市民来校体验消防安全项目

目 录

让传统文化之花在职业体验中绽放

顾 彤

中华传统文化历史悠久，传统技艺是优秀传统文化的载体，是上千年来优秀传统文化精髓的外在体现。在职业学校转型中，职业体验课成为我们新的教育模式。在职业体验课中，我们要让传统文化之花在体验中绽放。

一、意识构建，思想引领

习总书记说过，一个国家、一个民族的强盛，总是以文化兴盛为支撑的。没有文明的继承和发展，没有文化的弘扬和繁荣，就没有中国梦的实现。中华民族创造了源远流长的中华文化，也一定能够创造出中华文化新的辉煌。要坚持走中国特色社会主义文化发展道路，弘扬社会主义先进文化，推动社会主义文化大发展大繁荣，不断丰富人民的精神世界，增强人民的精神力量，努力建设社会主义文化强国。

优秀的民族文化既是民族振兴的精神动力，又是建设先进文化的重要基础。在经济全球化发展和社会主义市场经济的背景下，弘扬优秀的民族文化，并结合时代特点加以创新。在中国五千多年的文明历史进程中，我们的祖先创造了辉煌灿烂、丰富多彩的传统文化，其中所蕴含的民族精神和诸多道德理念，至今仍然具有强大的生命力，是我们在新时代进行思想道德建设的重要思想养分。深入挖掘和利用传统文化中的道德精髓，弘扬中华民族优秀传统美德，加强思想道德建设，对于凝聚全社会的力量，实现中华民族的伟大复兴具有重要意义。让传统文化走进校园，让传统工艺在职业课堂中展现是我们现代教育者的职责和义务。

二、团队努力，一起成长

一枝独秀不是春，百花齐放春满园。德国科学家瑞格尔曼的拉绳实验也能告诉我们这一点：参与测试者被分成四组，每组人数分别为一人、二人、三人和八人。瑞格尔曼要求各组用尽全力拉绳，同时用灵敏的测力器分别测量拉力。测量的结果有些出乎人们的意料：二人组的拉力只为单独拉绳时二人拉力总和的95%；三人组的拉力只是单独拉绳时三人拉力总和的85%；而八人组的拉力则降到单独拉绳时八人拉力总和的49%。

现代社会把人们组织起来，就是要发挥团队的整体威力，使团队的整体大于各部分之和。而拉绳实验却告诉我们：$1+1<2$，即整体小于各部分之和。这一结果向团队的组织者发出了挑战。

在一个团队中，只有每个成员都最大限度地发挥自己的潜力，并在共同目标的基础上协调一致，才能发挥团队的整体威力，产生整体大于各部分之和的协同效应。我们团队的组成，可以说是老中青的结合，即青年教师的活力创新、中年教师的担当和老年教师的经验的有机融合，我们的团队有共同的愿景：对传统文化，在敬畏中传承；对艺术，在执着中追求；对教育，在热爱中付出。我们走出校门，来到月坛雅集开阔视野、学习体验；我们请皮影大师周树飞、鼻烟壶大师王志江、风筝传人吕铁志走进校园，聆听大师的讲解，感受大师的亲自指导；我们经常会围桌而坐，进行思维的碰撞、灵感的激发、理论的探讨、手艺的切磋。我们实现着 $1+1>2$ 的威力。

三、不断反思，不断完善

反思是指教师以自己的教学活动过程为思考对象，对自己所做出的某种教学行为、决策以及由此所产生的结果进行审视和分析的活动。教学反思的内容是多方面的，诸如总体课程目标的反思，总体课程内容的反思，总体课程组织的反思，科目目标的反思，科目内容的反思，科目组织的反思，单元目标的反思，课程中具体学习活动的反思等。

在经济、文化与教育等各方面瞬息万变的今天，教学反思无论对教师自身教学水平的提高，还是对教学效果的改善都有着举足轻重的作用。教学反思可以检查教学目标是否达到，可以分析教学中的不足，可以记录教学中的困惑，可以发现某种教育教学行为是否对学生有伤害，可以发现自己的教育教学方法是否适合学生等。

体验课对我们来说是全新的课程模式，教育的对象发生了变化，教学的方式也在变化，如何把体验课上好，是我们目前不断探讨的问题。每次上完课我们会根据学生课上的表现、学生的兴趣度、学生作品的完成情况、学生的反馈表等来反思课堂内容的设计、传授方式等。

教学反思是教师进步的阶梯，是教师进步的重要途径。通过教学反思能够循序渐进地提高教师的自我教学监控能力、专业素质、综合水平等。

四、环境熏陶，触发共感

汉代王充曰："譬犹练丝，染之蓝则青，染之丹则赤。"鲁迅先生说："农家之子早认犁，兵家之子舞刀枪，秀才之孱子舞文墨。"强调的是环境对人的影响。诸如此类，不胜枚举。环境是影响一个人人格形成的关键因素，每个人做事都受环境的影响，晏子春秋上曾有"南橘北枳"一语，就是说，"橘生淮南则为橘，生于淮北则为枳"，因为淮南的环境适合它的成长，所结的果实饱满又香甜，一旦移到淮北，没有丰霈的雨水，肥沃的土地，就成了不可口的枳。比喻同样的东西会因环境的不同而产生不同的结果。

在体验课中我们注重环境的打造，包括体验教室的环境、教师引领学生形成的课堂氛围等。走进我们的职业体验教室，墙上非遗大师的介绍，不禁让人肃然起敬；窗上的剪纸像一抹亮色增添屋内的艺术气息；多宝阁上的工艺品，会激起你创作的欲望；工位的设计安排让你有一试身手的冲动。我们的教师，会给孩子们打开传统工艺的大门，让孩子们在师生的互动中对传统工艺畅想、传承。

体验课堂你我共建，文化传承你我同行。我们努力让传统文化之花在体验课中璀璨绽放。

体验职业岗位 感受社会实践 规划自我人生

陈天悦

职业体验课程在新课程改革中作为传统基础教育的创新点，利用自身的综合性、实践性、自主性等特点，加入职业活动元素，延伸了传统教育的内容，弥补了传统教育方式的缺口，为青少年提供了体验社会职业岗位的机会，并填补了课堂教育中培养学生社会适应性的缺口。通过模拟、体验、角色扮演来了解和接触真实的社会分工与各职业的职能及相应技能。发展学生的创造能力和实践能力，培养学生良好的个性品质以及团队协作能力、发现问题与解决问题的能力，更有利于学生的职业规划，便于更好地对自己的未来生活做出思考与判断。

一、体验职业岗位，选择适合的主题内容

在职业体验课程的内容选择上，首先，要符合时代发展方向。选择教学内容时，在尊重每个学生的个性、爱好以及特长的前提下，合理引导学生对当前职业领域的现状进行调查与分析。其次，帮助学生分析社会分工的态势，了解职业只有分工不同没有贵贱之分，让学生形成健康积极的职业心态。最后，由于所处的年龄阶段，学生的身心发育还没有达到成人状态，所以在主题内容的选择上还要重视安全性、技能难易度这两个程度性问题。

在职业体验课程的教育理念上，激发潜能、培养职业素养和传授知识技能，三者同等重要。根据学生的年龄特点，为中、小学生开发财经类体验课程及丰富多彩的教学活动，核心素养教育作为职业体验培养人才最重要的基石，贯穿在课程教学内容和理念中。致力于提高青少年在

职业构建、责任创业、财经素养和可持续发展方面的综合素质，培养他们优秀的品格、创造力和领导力，激励和帮助学生在经济发展中获得成功（见图1）。

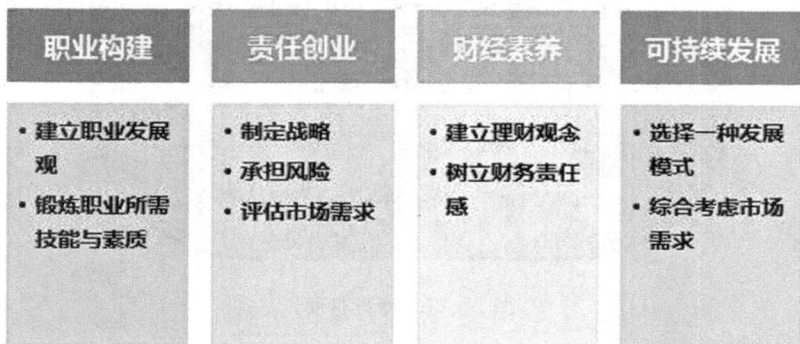

职业构建	责任创业	财经素养	可持续发展
• 建立职业发展观 • 锻炼职业所需技能与素质	• 制定战略 • 承担风险 • 评估市场需求	• 建立理财观念 • 树立财务责任感	• 选择一种发展模式 • 综合考虑市场需求

图1 培养具有优秀品格、创造力和领导力的综合型人才

青少年的各种认知结构要素发展迅速，认知能力不断提高，具有一定的基础知识结构，对于专业理论知识学习兴趣不高，反而对技能操作比较感兴趣，而且动手能力较强，具有好新、好动、好胜、好学的特点。针对这种现状，在教学中通过设计情景，将枯燥乏味、晦涩难懂的理论知识融会于游戏中，让学生通过玩游戏来理解专业知识，将会起到意想不到的效果。正是在这个指导思想下，我开始了在财经类体验课程的教学设计中使用沙盘模拟的试验。

二、感受社会实践，融合不同的活动领域

ERP沙盘，是企业资源规划（Enterprise Resource Planning，ERP）沙盘的简称（见图2），也就是利用实物沙盘直观、形象地展示企业的内部资源和外部资源。通过ERP沙盘可以展示企业的主要物质资源，包括厂房、设备、仓库、库存物料、资金、职员、订单、合同等各种内部资源；还可以展示包括企业上下游的供应商、客户和其他合作组织，甚至为企业提供各种服务的政府管理部门和社会服务部门等外部资源。

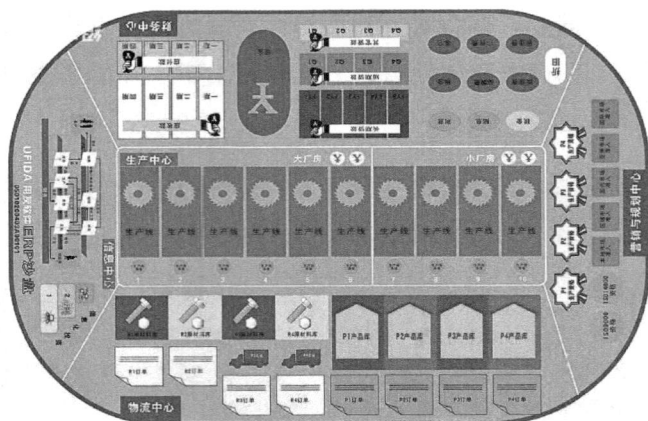

图 2　ERP 沙盘盘面

"现代企业经营实战"课程（见图3）模拟自创公司从建立到经营整个过程中企业间的相互竞争，体验企业家的生存之道。在体验过程中，能够让学生组成4~6家"企业"，通过实物模拟沙盘来对价格、产量、营销费用、投资规模做出分析、判断和决策。模拟现实世界中的竞争来激励学生对生产、营销、财务等方面进行思考，并联系经营成果进行分析。在学习过程中，学生们能学会分析简单的财务报表，运用经济学原理和市场学基本概念做出商业决定，以及学会团队分工合作。课程上由职场精英担任

图 3　"现代企业经营实战"课程实施

志愿者顾问，由具有比赛经验的高年级学生担任志愿者教师。志愿者们协作配合，强强联手，为学生带来最优质最全面的经济与商业教育。学生由此感受到所学知识的实用性，并从团队协作中找寻乐趣。

　　沙盘模拟的最大特点就是"在参与中学习"，强调"先行后知"，以参与者为中心，以提升实战经营管理水平为目标。具体操作（见图4）是将参加者分组，每组各代表一个不同的虚拟公司，每个小组的成员将分别担任公司中的重要职位：总裁（CEO）、财务总监（CFO）、营销总监（CMO）、生产总监（COO）、采购总监（CSO）。公司间是同行业中的竞争对手。他们在面对来自其他企业（其他学员小组）的激烈竞争中开展经营活动。学员们必须做出众多的决策。例如新产品的研发、生产设施的改造、新市场中销售潜能的开发，等等。参与者必须在模拟训练中，切身体验企业经营中经常出现的各种典型问题，必须和"同事们"一起去发现机遇、分析问题、制定决策并组织实施。运作以6年为一轮，通过对市场的预测竞投订单，再安排采购、生产，最后还得报账。每次模拟结束后，学生通过对"公司"当年业绩的盘点与总结，分享成功经验，分析改进机会，梳理管理思路，反省自身问题，并通过多次调整与改进的体验式练习，加深对企业生产管理的理解，经过数轮模拟后，得到几家公司（学员小组）和学员的成绩（见图5、图6）。

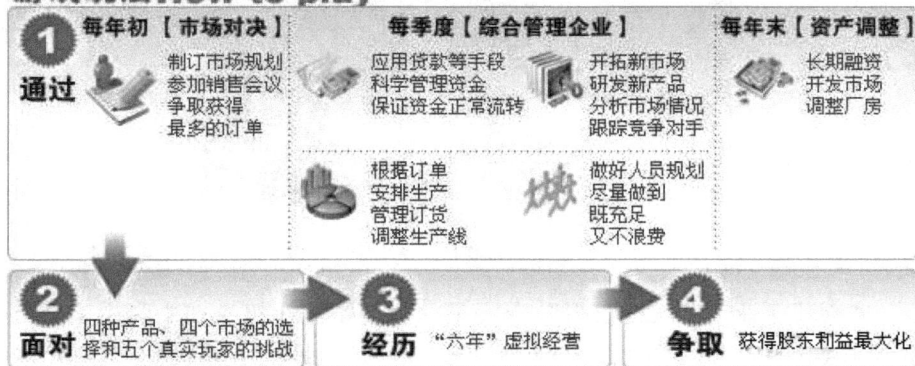

图4　ERP沙盘游戏规则

图5 个人获奖

图6 集体获奖

三、规划自我人生，挖掘深度的过程体验

体验课程相对于其他传统课程来讲更注重过程与体验而不是结果，即使最后的活动结果不是最理想的，也可从学生获得宝贵经验的角度视其为一种成功。活动过程的经验与体会永远高于活动的完成度，无形的心灵感受始终重要于有形的竞赛名次。我亲历职业体验实践，深度探究职业分工职能。倡导亲身体验的学习方法，引导学生对自己感兴趣的职业持续、深入地探究，防止浅尝辄止，以其他活动形式巩固模拟体验成果、挖掘职业体验深度。(见图7)。

图7 学生进行年度会议

"现代企业经营实战模拟"课程是面对小学高年级及初中学生实施的职业体验活动，旨在从学生的兴趣出发，由学生自主展开探究，教师引导学生展开活动，并帮助其深入研究职业特点，学习简单的职业技能，继而运用所获得的知识与技能，体验供、产、销及企业各类决策岗位的职业活

动。在整个活动实施的过程中，学生与教师共同面对所产生的问题，解决困惑，引发思索。让学生了解真实的企业经营流程及工作的辛劳，并让学生重新认识企业各个岗位的定位与职能，帮助学生规划未来的学习与职业方向，达到深入挖掘自身感受，不断修正自我定位的作用。

系统、规范、有效的职业体验活动为学生提供了更为广阔的个人发展空间。在专业教师的指导下，在职业体验的活动中，学习简单职业技能，扮演各行业职业角色，进行自主职业体验。培养学生良好的职业理想，规划自己的职业方向，满足每一个人的自我实现需求。帮助学生面对未来职业规划与学业规划时，做出自己正确的判断和选择。

结艺的魅力　网络的风采

韩　冰

"中国结"具有优美的造型、丰富的色彩，它是中华民族宝贵的文化资产。千百年来，这种结艺文化源远流长，深受人们喜爱。本次课程教学主要是指导学生初步掌握编、抽、修等编结技能，学会基本结的编结方法，编制简单的中国结；并通过制作中国结的过程，感受中华民族民间文化的内涵，体验创造美的愉悦。

一、体验网络的风采

(一) 改变学习方式——一花独放不是春，百花齐放春满园

如果按照平常的教学方式，仅靠教师的示范，实在是有很大的局限性。首先，示范时由于学生接受的程度不同，观摩的角度不同，教师也不能照顾到全体学生；其次，教师无法反复示范，而学生毕竟是孩子，这么复杂的编织方法，他们不能很快记住，并且很容易遗忘；最后，仅由教师示范的课堂，授课方式过于单一，缺少学生自主探究的学习热情，缺少学生自主构建知识的灵气。而在"结艺教室"模块中设置"网络教学"和"学习指导"，前者是以教师亲自教授编结过程的录像的形式展开，后者是以运用 Flash 制作的编结方法分解动画的形式展开。在实践活动中，充分考虑学生的主动性和差异性，从多方面为他们提供自主探究的途径，满足不同学生个性发展的需要，对积累实践经验有着积极的作用。

(二) 改变评价方式——让评价更加适时、适用、适度

虽然传统课堂可以展出学生的作品，但是由于作品很小，很难呈现作品的细节，且时间有限也不可能让每个孩子尽情展示。而网络课堂中设置

了"作品展示"模块，通过现场拍照，将学生现场制作的作品立即展示到网络上，让全体学生都能欣赏到，增强活动的时效性，让学生感受成功的喜悦。通过实时投票系统，为自己喜欢的作品投票，并介绍自己的编结经历。凭借网络提升学生的成就感，制作的优点和不足也一览无余。赏结之余，评结之能力就这样在网络手段的帮助下，无形地植入了孩子们的心田里。这既当堂检验了学生的学习效果，又让学生及时取长补短，共同进步。

(三) 丰富的学习资源——带领学生跨出课堂，跳出空间的局限

网络课堂中还设置了其他模块，其中，"结艺文化"模块为学生展现丰富的结艺内涵，了解结艺的悠久文化历史；"结艺欣赏"模块中可以通过欣赏各种不同样式的中国结，看到结艺在不同场所的各种用途及作用；"结艺教室"模块中包含的基本结、复杂结等多种结艺样式为兴趣不同的学生提供了满足个性发展的实践需求。通过开展这种活动我深深感到信息技术的魅力：它的巧妙运用为学生营造了轻松、愉快的课堂气氛，拓宽了师生间交流沟通的渠道，更使得学生的学习态度由被动接受转变为自由选择、自主探索，极大地提高了课堂教学的效率。在网络自主探究学习的过程中，学生的学习兴趣得到了充分的激发，动手能力得到了充分的锻炼，综合素养得到了充分的提升。

二、感受结艺的魅力

依据劳动与技术教育课程的基本理念和要求，结合学生已有的技术水平、动手能力，以简单的"攀缘结"为切入点，以自主创编各种结艺样式为主要活动内容开展了教学活动。在方法指导上，将编结的过程归纳为编、抽、修三个步骤，且环环相扣、层层递进。整个活动以赏结、议结、学结、创结、评结为主线展开学习活动，以学生为学习主体，运用现代信息技术的教学手段，将网络教学与课堂教学相结合。在制作过程中，使学生发现问题，并经过不断思考、实践，最终解决问题，整理出自己的最佳制作方法，由此体验到学习的快乐和成功的愉悦。

短短的一个小时里，不仅绝大多数学生都能创作出自己满意的作品，而且信息网络还将课堂无限延伸，使学生在课后能够继续探索，继续学习。我校在高年级同学开展了这个活动后，网站还会有学生不断访问，课间还能时常看到编织中国结的学生，我也常常被学生缠住解决他们编结的问题，欣赏他们挂在书包上、戴在手上的作品。这充分说明，这次活动不仅是成功的课堂教学，更展现了中国传统文化的强大魅力，孩子们从游戏中、漫画中被吸引了过来，更在他们的心中种下了一颗文化的种子。

作为一名教师，作为文化的传承者，在培养劳动技能中，如何借助现代信息技术手段，尽量让学生在学习制作过程中少走弯路，并能及时将学习的过程反馈给教师，怎样让中华传统文化在我们的下一代手中继承和推广，这将是我继续探究的课题。

我国著名学者南国农先生认为："现代教育＝现代教学思想方法×现代教学媒体。"其中"现代教学思想方法"和"现代教学媒体"不是相加，而是相乘，无论哪方为零，结果都会为零。新课程改革为教师的成长提供了广阔的舞台和难得的机遇；与此同时，学校为我们提供了运用现代化技术的有利条件，让我们将现代技术引进课堂，在探索实践中，我学会了合作，学会了选择，学会了创新。信息技术为我提供了打开突破传统劳动教学的新的教学宝库的钥匙，插上了翱翔于新课程改革中的翅膀。

在职业体验中树立职业意识

霍 菲

在国家基础教育课程改革中，综合实践活动被纳入义务教育阶段国家规定的必修课程，这是国家新一轮基础教育课程改革开设的新型课程。它是有目的、有计划、有组织地通过多种活动项目、丰富的活动内容、灵活多变的活动方式，使学生接触自然、社会，综合运用所学知识，开展以学生为主体，以实践性、自主性、创造性、趣味性以及非学科性为主要特征的多种活动。通过活动使学生拓宽视野，增长知识，培养能力，发展个性，生动、活泼、主动地得到全面、和谐的发展。

为配合这项改革以及北京非首都功能疏解的需要，我校的职业体验课程应运而生。课程从筹备到开发再到实施，已经历经两年多时间。在此过程中我作为一名专业课教师，有幸参与其中。职业体验课程不同于我们原有的中职学历教育，二者在教学目的、教学对象年龄、教学时间安排等方面都有着本质的区别，因而在课程定位、教学内容选择、教学目标确立、教学方法实施、教学语言运用等方面都要进行转变。这种转变对每一名教师都是一种考验，这需要理念的彻底转变。只有这样，才能跳出固有的教学模式，开拓创新。

在开发和实施职业体验课程的经历中，我认为应把握好以下几点：

一、职业体验课程的核心是"职业观的养成"

几乎所有孩子都被问及过"长大后想干什么"这个问题，而答案也是千篇一律：医生、教师、科学家……然而，人人都能成为医生吗？教师到底要做些什么事情？科学家整天都在忙些什么？这些问题，孩子们却很少思考。在与中小学生的接触中问及他们对物流行业的认知，孩子们的普遍回答是"送快递的",再次追问下有学生补充说"看仓库的"。

这种现象反映出在目前的教育体系内,"职业"对于大部分中小学生来说是个遥远而模糊的概念。学生普遍缺乏职业意识,对职业的认识十分空洞与浅显,很难使学生树立起为理想而奋斗的信念。

然而择业与就业并非心血来潮就能一蹴而就,而是需要学生综合自己的认知、兴趣和能力才能做出的理性选择,这就要求学生在其成长的道路上不断积累,对自己的明天做出合理的规划。

如何对自己的职业生涯做出合理的规划呢?那就要从认识职业、认识自我开始。职业体验课程为广大中小学生提供的就是一个认知职业的平台,为学生的择业、就业夯实基础。

二、职业体验课程的形式在"动"

职业学校最大的优势便是拥有多个专业,每个专业都拥有完善的实训设备。此外,近几年职业学校积极开展"以工作过程为导向"的教学活动,教学中围绕岗位典型工作任务开展学习,加大了实训课程的教学力度,强化了专业技能的培养。为学生创设企业岗位工作的模拟环境,最大限度地使学生的在校学习等同于岗位工作,做到与用人单位岗位要求差异的零距离。

因而,职业学校应充分利用这一优势资源,充分发挥实训设备的作用,以本专业的典型岗位工作操作流程与技能作为职业体验课程的主要教学核心。如在《小小物流员》职业体验课程中以仓管员和快递员这两个职业作为体验对象,学生通过现场操作,尝试使用扫码仪、操作叉车、填写快递单、安排货运、搬运物流箱。熟悉这两个职业的岗位工作流程,了解这两个职业的工作环境与特点。

三、职业体验课程的重点是"体验"

中小学生职业体验课程不同于职业学校原有的教学课程。我们的学生在校学习三年,开设多门专业课程,课程之间相互关联、衔接递进。每门课程至少开设一个学期并每周安排2～4学时的课。这样就使得教学以学期为单位且具有系统性。而中小学职业体验课程学时为1～2课时,目前每学期学生体验次数仅为 1～2 次。如果按照职业学校原有的教学模式开展体验课程的教学显然不行，这就需要将我们的专业课程进行调整。

（一）将现有的专业多学科课程进行整合

课程的开发需要我们将同一专业的多学科课程进行整合，将其融合成一门职业体验课程，即在一项职业体验课程中涵盖多学科知识与技能。在《商品的故事》课程开发上，以商品流通为主线，包括商品购进成本核算、商品分类管理、商品广告营销策略、商品拍卖等内容，涉及物流管理、商品营销、成本核算、广告设计、商品管理等多学科的内容，这就要求教师能做到多学科知识与技能的把握与融会贯通。

（二）将专业教学内容进行浓缩

职业体验课程是一个浓缩版的专业实践课程。因而，在教学中应淡化理论的讲授，而要以学生的实践操作为主要内容。课程中以岗位典型工作为主线，让学生初步体验岗位工作的具体任务和具体内容。短时间内，不可能使学生掌握熟练的操作技能，仅是一种尝试和感受，让学生对这一职业有一定认识是职业体验的目的。

四、职业体验课程应渗透职业素养的培养

开展职业体验课程，不仅在教学中开展实践活动以培养中小学生的劳动技能和动手实践能力，还要在课程教学中渗透职业道德素养的内容。让学生切实感受到在岗位工作中需要科学严谨的工作态度、较强的责任心、优秀的团队协作能力等。因而在实践环节中多以小组为单位开展活动，要求他们分工合理、配合默契，出现问题要共同反思与检讨，不可相互指责与埋怨。工作中注重细节，使用叉车时严格按照操作流程、搬运货物时轻拿轻放、清点货物时认真细致。通过这样的指导使学生从小树立良好的职业素养，这对他们未来的职业生涯具有重大意义。

中小学职业体验课程开展已有两年，在此期间大家努力思考、积极实践，在工作中不断改进。相信在我们的努力下，中小学职业体验课程将越发完善，课程内容将越发丰富多彩。我们的职业学校将真正成为中小学生职业体验和实践的大课堂。

葫芦文化传承与工艺制作在体验课程中的探索

郑　顿

一、依据需求　设计课程

学习葫芦文化，感受葫芦艺术魅力。据王世襄先生的《中国葫芦》一书中记载，葫芦是世界上最古老的作物之一，我国考古学家在浙江余姚河姆渡遗址发现了 7000 年前的葫芦及种子，是目前世界上关于葫芦的最早发现。葫芦在我国古代有许多记载，同时关于其名称也有多种叫法，"瓠""匏""壶""甘瓠""壶卢""蒲卢"均指葫芦。葫芦不仅是一种瓜果，更是一种人文果实。本课程通过讲授、讨论、外出参观、艺术实践、体验创作等多样式的学习活动，使学习者获得对葫芦艺术的整体认识，提高学习者对葫芦艺术的鉴赏能力、发散思维能力、审美能力和创造设计能力，吸引初学者喜爱葫芦艺术，培养爱好者的审美情趣，增强精通者的艺术修养。

（一）传承中华优秀传统文化的要求

中共中央办公厅和国务院办公厅印发的《关于实施中华优秀传统文化传承发展工程的意见》（以下简称《意见》）为传承发展中华优秀传统文化提供了科学的理论指南，提出了切实可行的实践举措，对传承发展中华优秀传统文化的重要意义、主要内容和重点任务都做出了精辟的阐述。

《意见》中明确指出，对中华优秀传统文化，一是要"坚持辩证唯物主义和历史唯物主义，秉持客观、科学、礼敬的态度，取其精华、去其糟粕，扬弃继承、转化创新"，即"有鉴别地加以对待，有扬弃地予以继承"，全面分析、辩证取舍，这是区别原则；二是要在传承发展中古为今用，"不复古泥古，不简单否定，不断赋予新的时代内涵和现代表达形式，不断补充、拓展、完善，使中华民族最基本的文化基因与当代文化相适应、与现代社会相协调"，这是实践准则；三是要在传承发展中推陈出新，使其实现"创造性转化，创新性发展"，这是终极目标。

（二）创建学习型社会，倡导全民终身学习的要求

党的十六大提出，"形成全民学习，终身学习的学习型社会，促进人的全面发展"。建立一套中国特色的学习型社会理论，是全面建设小康社会的迫切需要，但这必然是一个相当长的实践和探索过程。

"学习型社会"这个概念出自西方发达国家。法国著名教育家保罗·朗格朗于1970年出版了《终身教育引论》，提出了"终身教育"的概念，在世界各地产生了广泛的影响。美国杰出的教育家罗伯特·赫钦斯于1968年出版了《学习型社会》一书，创造性地提出了"学习型社会"的概念。

1. 终身学习促进职业生涯的可持续性发展

终身学习的观念促进了职业生涯的可持续性发展。作为一种把学习贯穿于人的一生的思想，终身学习主张学习的连续性和一贯性，学习不再是儿童或青少年特有的活动，成年人也要不断地学习。职工的职业生涯学习也不是一次性完成的，而是一个连续不断的发展过程，只有通过不间断的学习，做好充分的准备，才能从容应对职业生涯中所遇到的各种挑战。

2. 终身学习促进职业生涯的个性化发展

终身学习思想破除整齐划一性的学习，要求尊重每个职工的个性和个人选择，强调每个职工在其职业生涯中随时可以选择最适合自己的学习形式，以便通过自主自发的学习在最高和最真实程度上使职工的个性得到最好的发展。

3. 终身学习促进职业生涯的全面发展

终身学习思想突破了传统思想的束缚，采用了多样的组织形式，利用一切教育学习资源，为企业职工提供连续不断的学习服务，使所有企业职工都能平等获得学习和全面发展的机会。终身学习是一切有学习需求的职工都可在任何自己需要的时候进入学习状态，以适合自己的方式参与学习过程，推动自己职业生涯的全面发展。

（三） 满足人们的审美需求

审美能力，就是感受美、发现美、创造美、评价美的能力。马克思指出："如果你想得到艺术的享受，那就必须是一个有艺术修养的人。"所谓艺术修养，是指人的审美能力和情感。只有具有音乐听力的人，才能感受到音乐的美；只有具有视觉感受力的人，才能欣赏大自然景色之美和绘画等艺术之美。随着社会的发展，社会和生活对人的自身素质提出了全新的要求。作为人类文化的传播者和各类人才的造就者的教师，更新传统观念，不断加强自身审美修养，提高自己的审美素质，并以此去帮助青少年学生树立正确的审美观，提高他们的审美能力和美的创造能力的任务就越发显得重要。因此，要开发艺术素养类教师培训课程，不断提高教师的文化艺术素养。

二、因材施教　规划课程

（一） 体验课程，培育中小学生核心素养

1. 在体验课中培养核心素养

学生发展核心素养需要一套经过系统设计的育人目标框架，其落实需要从整体上推动各教育环节的变革，因此，开发了"妙手丹青工艺师"这门课程，以文化传承为载体，以核心素养为目标，全面提升学生核心素养。

2. 用环境之美感染学生

学生走进的不再是以往普通的教室，而是传统文化艺术体验中心。我们的职业体验课程虽然时间不长，却也不是一蹴而就的，我们对课程的设计、环境的布置都是经过论证研讨、反复推敲、仔细斟酌的。走进文化艺术体验中心，学生就被屋内墙上的传统工艺宣传招贴吸引，无论是剪纸、泥塑、面塑、皮影，还是葫芦艺术，都深深地吸引着学生的目光。此外，多宝格上还陈列着国家级非物质文化遗产项目泥人张的泥塑作品、晶彩工艺陶瓷盘、景泰蓝耳杯等100余件民间艺术珍品，精心的布置散发着浓浓的艺术气息，潜移默化地感染着学生。

3. 确定符合学生特点的教学方法

"妙手丹青工艺师"是孩子体验的角色，优秀的设计师应当具备：扎实的美术基础、强烈敏锐的感受能力、发明创造的能力、对作品的美学鉴赏能力、对设计构想的表达能力，这是职业素质要求，但并不是要求孩子们现在就要完全具有这样的能力，而是要让这种能力在学生的体验中逐步渗透，逐步提升，逐步达成。

4. 激发学生的学习兴趣

体验课程中注重采取有效方式。在这里，有颜色碰撞的创新，有怪异形状的呈现，有创意失败的小伤心，也有得到教师肯定的小傲娇。对于体验课，孩子们是这样说的："很好玩、很有趣、能锻炼动手能力"（天坛南里小学的学生如是说）；"喜欢这门课，对传统艺术有兴趣，自己得到了锻炼"（景泰小学的学生如是说）。为了更好地培养学生的创造性，获得职业体验的成就感，我们团队共同商讨，制作了北京现代职业学校职业体验课程艺术类优秀作品"收藏证书"，以此鼓励学生，激发他们的体验兴趣，培养他们敢于实践、勇于创新的精神。

（二）教师培训，服务教师继续发展

自 2016 年 9 月起，我校成为北京市东城区教师继续教育培训学校之一。为了帮助教师提高专业水平，增强对中国传统文化艺术的学习兴趣，强化艺术修养，享受艺术创作成功的快乐，丰富精神生活，我设计了"福禄齐来"——以葫芦为主要元素的 8 节艺术传承类教师培训课程。这门课程，为学区内有需求的教师提供了学习传统文化艺术、了解葫芦文化的机会，深受教师欢迎。

教师培训课程对授课教师提出了更高的要求，无论在知识结构上还是在教育理念上，我们都必须有一个新的提高和飞跃，要有较高的文化艺术修养。只有具备这样的理想追求，我们才能培养出高素质的人才。我们知道，文化能使人的道德更加高尚，艺术能使人的生活更加精彩。因此，在专业知识以外，教师所表现出的综合能力、人格魅力和优良品质就显得尤为重要。

1. 围绕传统文化，制定课程内容

传统文化具有相对稳定性。即传统文化在世代相传中保留着其基本特征，同时，它的具体内涵又能够因时而变。传统文化具有鲜明的民族特色、民族风格和民族气派，是维系民族生存和发展的精神纽带。据此，设置了"福禄齐来"培训课程的主题内容（见表1）。

表1 "福禄齐来"培训课程主题

第一章	葫芦鉴赏 —— 感受文化
第二章	葫芦绘画 —— 丹青之美
第三章	葫芦盘扣 —— 领略民俗
第四章	参观学习 —— 探索文化
第五章	葫芦掐丝 —— 创意之美
第六章	葫芦烙画 —— 传承文化
第七章	葫芦茶器 —— 工艺之美
第八章	大漆葫芦 —— 弘扬文化

2. 工艺制作，提高动手实践与创新能力

葫芦工艺品的制作，是葫芦文化课程最重要的组成部分。在体验创作过程中教师们兴致勃勃地进行葫芦艺术创作。他们有的在葫芦表皮上用丙烯颜料精心描绘各种图案，有的在葫芦上认真进行书法创作，有的在葫芦上进行烙画创作，也有的操起刻刀，在葫芦上进行镂空和雕刻。他们充分运用自己的聪明才智，制作出精美的葫芦工艺品。小小的葫芦成为教师们进行艺术创作的平台。通过工艺品的制作，教师的动手能力大大加强，制作手法与材料工艺结合的成果不断推陈出新。

3. 课程实施中的做法与收获

想要做一名有文化艺术修养的好教师，我们就要不断地充实自己，不断地提高自身的文化艺术素养。"福禄齐来"教师培训课程开展过程中，我针对不同的授课群体，潜心研究教学内容、精心设计教学方案、耐心组织教学实践、虚心听取教学建议。面对来自不同学校不同任教学科的教师，我积极动脑敢于创新，在个性中找寻共性。在"葫芦绘画——丹青之美"课程中，我运用多年所学的工艺美术专业知识与其他教师分享在葫芦表面绘画上色的艺术创作，根据教师们所讲授的不同学科再结合"福禄元素"与其他教师合作、发散思维完成"荷塘月色""花开富贵""音乐之声""星空"等设计作品。在绘画中，有些技法比较耗时，教师培训课程又只有上午半天课时，因此有些教师的作品要利用业余时间继续完成。为此，我建立"福禄齐来"师训微信群，在群中继续与大家分享，做示范、发视频与其他教师交流经验，一同感受艺术创作的快乐，并将教师们创作绘画的工作照发至群内与大家分享。整个教学过程，所有教师积极参与，积极思考，展开头脑风暴，在集体的智慧中提升了教师的艺术素养。

（三）市民教育，服务全民终身发展

现代教育中学校教育与社区教育的结合已成必然之势，学校与社区连接是互利互惠的。学校利用自身优势给社区以文化营养，教师常常是支援社区正式活动或非正式活动的重要人力来源，学校的参与对社区精神环境的改善、社区和谐融洽氛围的创设、社区文化活动的丰富多彩等起到积极的促进作用。

为了提升市民对中国传统文化艺术的学习兴趣，增强市民的艺术修养，方便市民享受艺术创作成功的快乐，丰富市民精神生活，我设计了"我和葫芦有个约会"——以葫芦为主要元素的4节艺术传承类市民学习课程。

1. 艺术创作，提升审美情趣

在学习葫芦文化过程中，有的市民提出，能不能在葫芦果实成型过程中就对其进行艺术化管理，使葫芦长出我们想要的形状？在交流中，知道通过勒扎、范制等方法，可以使葫芦长成杯形、瓶形、菱形等各式各样的形状。在葫芦茶器工艺的制作过程中，市民们根据葫芦的形状特点，进行发散式思维创作。从铅笔初稿设计、修订到作品完成，包含着他们丰富的艺术联想和创造思维。这些精美的葫芦作品，体现了市民们较高的审美素养。在葫芦课上，市民们挥洒才情，体验快乐，热爱生活，成为学习和生活的主宰。

2. 分享交流，传承葫芦文化

在个性中找寻共性，学习课程中结合了讲座的形式，讲座中，市民的兴趣点高，参与度强，在讲座结束后，市民还意犹未尽不舍离场，拿着葫芦作品谈自己的感受，与我分享他们的故事。有一位大爷拉着我的手，讲着他和葫芦的奇缘，与我分享他对葫芦文化的理解。聆听着老人滔滔不绝的讲述，分享着老人的回忆，感受着老人手上的力量，我感到了自己工作的价值。

三、注重实践　创新课程

教育是实践性智慧，需要教师对自己的教育教学实践进行持续的反思，并把反思导向更深层次，最终实现教育教学的创新，提升育人的质量。因此，持续反思是有效教学的重要保障。

本课程采用体验式教学方法，以葫芦文化为切入点，延伸到多姿多彩的民间艺术，让体验者在实践中感知新知，形成操作技能，培养自信感与成就感；在参与中学会学习，学会生活，学会做人，学会审美，享受快乐；在欣赏中充分领略民间艺术与民族文化的博大精深，增强民族自豪感与责任感，从而为终身学习与发展奠定基础。

课程不是枯燥单纯的讲解与赏析，而是体验实操，让体验者亲自动手感受绘画工具，掌握葫芦工艺品制作的技巧。应该如何更好地指导非美术专业教师进行绘画创作呢？我首先鼓励体验者自己画，但是在这个过程中应当及时地给予适当的指点，这个指点不是技巧性的，而是引导性的，不是说"你不能这么画，你应该这样画"，而是帮助体验者进行观察或进行发散思维，使体验者在实际操作与思考中逐步提高。

每次课程体验进行中，我都会全场指导，了解每一位体验者的创作进度，及时地进行指导，有针对性地进行辅导。

利用微信群与班内学员及时沟通，有效地提高了本课程教师的学习水平，让体验者能够随时解决葫芦艺术创作中遇到的问题。

四、回顾反思　改进课程

在学校的转型期，我这个走在职业体验探索道路上的新兵也在成长。职业体验课程与日常教学有着很大的区别。我通过翻阅专业书籍、查阅相关资料、外出观摩、向前辈请教，最终确定了"听、仿、创、讲"四步教学法。通过这一学期的课程实践，认为教法是可行的，符合体验课程的要求。在把自己的专业和广大爱好者分享时，他们对传统艺术的真知灼见，也让我获益良多。

人是有资质区别的，也各有优秀的潜质，而文化艺术修养最能激发人的潜质。我们需要艺术滋养、精神也需要艺术来丰富，我们只有不断加强文学艺术修养，提高自己的审美情趣，丰富自己的艺术底蕴，才能提升自己的创造力，适应时代的要求。

围绕六大核心素养，促进
中小学生职业获得感形成

赵 卉

　　职业体验课程在东城区已开展了近两年，我们学校作为首批参与的职业学校，对此项工作高度重视，对职业体验的课程严格把关，作为一名职业体验课程的教师，在学校的引领下，也感到受益匪浅。围绕中国学生发展六大核心素养，针对两个年级学生年龄特点和兴趣，结合当前新兴岗位和学校专业特长，开发了"小小艺术插画师"职业体验课程，并进行了设计。该职业体验课程共4次，8学时。每堂课的体验内容紧紧把握中小学生六大核心素养中的要求进行设计，力争让学生每次都能体验到作为插画师的获得感。

一、体验内容有利于该年龄段学生信息意识的培养

　　五、六年级学生经过小学4年的学习，已经完全适应了小学的生活，他们对待周围的事物已经可以在大脑中进行初步的信息加工并提炼出某个对象的部分明显特征。五、六年级的学生，形象思维十分活跃。从儿童思维特点来看：小学生的思维是从具体形象思维为主要形式逐步向抽象逻辑思维过渡。小学语文课程标准中对五、六年级学生在综合性学习方面提出了要求：为解决学习与生活相关的问题，利用图书馆、网络等信息渠道收集资料。因此我设计的第一次课题为"书签

图1　书签插画

插画设计"（见图1）内容，让学生首先上网搜集关于书签文化和历史的资料，初步了解书签的文化和历史，促进学生核心素养中人文情怀的形成。从知识层面上，主要让学生尝试利用符号工具、画笔工具，用鼠标将现实看到的信息整合到电脑上，同时将绘制好的相关图形进行相对位置的组合，在电脑上为绘制内容设置小篆体的汉字，并录入楷体名字，感受用电脑绘画、录入文字与纸制绘画、写字的区别。小学语文课标中对阅读方面提出了明确的要求："想象诗歌描述的情境，体会诗人的情感"。最后，打印输出，再让学生结合绘制的内容在书签背面题一首诗。促进学生课外诗歌的学习与诵读。

二、体验内容有利于该年龄段学生提升审美情趣，让学生学会学习

　　课程中也考虑到小学生感知发展中颜色视觉发展的需要，一年级学生平均能够辨别红色的三种色度、黄色的两种色度，而对蓝、绿两种颜色的色度，则不能辨认。在进行专门训练到达二年级后，儿童平均能辨别的色度是：红色为12种，黄色为10种，绿色为6种，蓝色为4种。这个时期的小学生已具有明显的颜色偏好，如在红、橙、黄、绿、紫、棕、黑、灰、白等10种颜色中，儿童更多偏爱红、绿、黄色，较少偏爱灰、棕、黑色；同时，6岁以后，小学生对色彩的喜爱也表现出性别差异。男性最喜爱黄、蓝两色，其次是绿、红两色；女性则最喜爱红、黄两色，其次是橙、白、蓝三色。通过"记忆卡片设

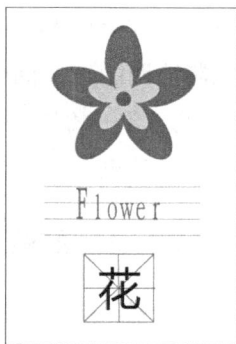

图2 记忆卡片

计"（见图2），让学生对色彩有更加理性和专业的认知，让学生认识到一个好的插画师不仅能运用自己喜爱的颜色，而且能根据绘制需要和客户需求，在作品中大胆灵活地运用色彩，感知同类色、邻近色、对比色的色彩搭配技巧。从知识层面，通过前面的学习经验绘制创意花朵，并通过软件相关技术实现几何图形与色彩搭配组合后美轮美奂的效果，给孩子视觉体验，提高孩子运用色彩的能力，进而提升小学生的审美情趣。同时，记忆

卡片是小学阶段重要的学习工具，从施教者层面来说，记忆卡片式策略也是精细加工策略之一，是重要的学习策略、培养方法，是学生应掌握的一项重要技能。根据绘制图案，制作中英文对照学习卡片，让学生在了解插画师岗位的同时掌握记忆卡片式的学习方法。

三、体验内容有利于该年龄段学生健全人格的培养

让小学生从小拥有健全的人格，是"自主发展"核心素养中的重要组成部分，也是小学生其他核心素养形成的基础。我通过"信纸插画设计"（见图3）体验内容为切入点，让学生给母亲写一封信，以此激发学生尊重父母、孝敬父母的情感。从知识层面，借助软件中提供的工具对路径进行创意变形，让学生感受绘制插画的趣味性，借助变形工具的特点，让学生体会鼠标实施力度、击键时间对图形效果的影响，锻炼学生手指精细动作的控制协调能力，同时配合软件集成的素材，让学生大胆尝试与体验，帮助学生快速实现制作信纸的效果。

图3 信纸插画

四、体验内容有利于该年龄段学生从小树立国家认同感

国家认同感是现在部分中小学生，乃至一些成人缺失的重要道德品质。作为祖国的下一代，拥有强烈的国家认同感是其将来愿意为国家、为社会做出贡献不可或缺的品质。从课程设计来看，我选择了绘制国画《荷塘秋色》（见图4）作为整个职业体验的最后一课，一是学生经过三次职业体验已经积累了一部分插画绘制的经验，孩子渴望更有新意、更有难度的插画设计满足自己的求知欲；二是国画博大精深，艺术内涵丰富，但往往这两个年级的学

图4 国画《荷塘秋色》

生由于身心发展特点一般还没有涉及国画的学习，学生大多数对国画没有比较明确的认识。通过该体验内容的设计，学生在电脑上可以轻松了解目前学校或课外学习中还不曾接触的领域，满足这个年龄段学生的好奇心。通过教授学生合理选择软件中提供的素材样式，使这个年龄段的学生还不能灵活运用毛笔渲染的问题迎刃而解，极大地激发了学生对国画的兴趣，并在亲身体验中既感受了职业插画师的魅力，又体会了国画的艺术感染力。在知识层面，混合技术是 AI 软件代表性的功能，简单易学，视觉冲击力强，学生注意力能被有效集中起来，能够充分引起学生的求知欲，教师此时再进行适当引导，通过让学生进一步欣赏名家之作，将初步的国家认同感植于孩子的心中。

该课程的设计思路紧紧围绕中国学生发展的六大核心素养，将信息意识、审美情趣、健全人格和国家认同感与体验内容结合起来，充分考虑到该年龄段学生的身心发展规律。每次体验都将插画师的职业素养渗透其中，强化插画绘制的一般流程。五、六年级的学生对计算机的认识往往还停留在玩游戏的阶段，通过"小小艺术插画师"的职业体验，打开了孩子对电子产品新的好奇心与求知欲，走出只会用计算机玩游戏的误区。同时，教师对学生的作品进行展示，并将学生的体验成果打印给学生，让学生体验成功的获得感。通过"小小艺术插画师"职业体验课程，更好地落实"十八大"立德树人的根本任务，提升我校在青少年学院课程中的竞争力。

结合中小学生认知特点 探索职业体验教育

马燕红

一、做好职教转型工作，开展职业体验活动

为适应首都核心功能区对中职学校的新定位，为适应职业教育转型的要求，中等职业学校必须加快构建科学的职业体验课体系，为首都经济社会发展、产业转型升级和京津冀协同发展努力。为适应新形势下对中职教育的新要求，作为职业教育的一名专业课教师更要加快思想的转变，围绕职业教育转型，打造本专业的发展力和生存力。充分利用自身的专业知识和专业技能，结合学校的专业资源和实验实训资源，做好中小学生的职业体验课工作、高质量完成职业体验课程的教授工作，积极开发中小学的培训课程，为中小学提供丰富多彩的选修课。为顺利实现我区中职学校的转型工作，做出自己的贡献。

在中小学阶段进行职业体验教育是国家职业教育的重要一环，中小学生职业体验教育是对职业认识的早期教育，是对学生进行的价值观教育，也是对学生自我认知的教育。中小学职业体验课程的价值，体现在有助于提升学生适应力，激发学生主动发展意识，拓展学生自我认识，也体现在具有启蒙职业理想，拓展学校教育价值的作用。职业教育是培养职业认识、职业素质、职业能力的教育，在中小学生的生活中引入职业教育有利于学生确立职业发展目标和树立自己的职业理想，将来能更快地参加工作、融入社会，为自己的理想去努力、去奋斗。

二、结合中小学生的认知特点，设计职业体验课程

目前我校已经进行了三个学期的中小学职业体验活动。作为医学生物技术专业的教师，根据自己所教授的专业课，结合中小学生的认知特点，开发了具有生物技术专业特色的职业体验课程——"显微镜下的世界"职业体验课。职业体验课程应注重学生体验学习的自主性、参与性、整体认知性以及学生个性化选择。在课程开发过程中，我们做出了详细的方案计划，认真讨论确定了活动的主题、活动的要求、活动的日程安排及学生活动评价的标准等，为规范活动操作提供了基础。目的在于通过体验活动让中小学生体验社会、体验职业，对职业工作有所了解，丰富学生的课余生活，促进学生的成长。

职业体验课程要符合中小学生的认知发展特点，要符合中小学生对社会的认识。中小学阶段正是心理逐渐走向独立的时期，开始了解和关注不同的社会群体，基本上能分清各种不同的社会职业，对自己将来喜欢从事的职业也开始有所憧憬。这个时期需要正确的引导和对职业的初步认识，帮助他们懂得任何职业都具有其特定的意义和作用，也同时需要付出辛勤和汗水。职业体验就是学生步入社会前的准备课，对将来能否很好地适应工作有着重要的意义。它让学生提前接触了社会，更全面、更深刻地了解了自己将来要从事的工作，通过亲身体验让学生知道什么才是工作，什么样的工作生活是将来要经历的。例如，很多小学生非常喜欢生物，也希望今后能从事与生物研究有关的工作，而在生物学的研究中离不开显微镜的使用，通过体验"显微镜下的世界"，学生可以学会显微镜的使用，可以知道用显微镜来观察我们肉眼看不到的微小生物，也可以了解到在医疗卫生单位、高等院校、研究所等工作中显微镜可以用于微生物、细胞、细菌、组织培养等的观察，也能认识到显微镜在细胞学、寄生虫学、肿瘤学、免疫学、遗传工程学、工业微生物学、植物学等领域中应用广泛。让学生对医学生物学等方面的职业有一定的认识。

职业体验课程的内容要贴近中小学课程中有关生物学所学的知识。要符合中小学生对生物世界的认知规律。在中小学的"自然、科学"课程以

及"生物"课程中都介绍了有关动物、植物、人体和微生物方面的知识，如植物根尖的结构、人体的基本组织、酵母菌、草履虫的观察等，职业体验课程可结合学生在校学习的经历，通过实验观察引领学生利用显微镜认识生命世界的另一大类——微生物，知道微生物形态多样、分布广泛，使学生体验到微观生命世界的神奇，激发学生探索微观生命世界的欲望。让学生所学知识得以延伸和拓展。

结合上述两点制定本课程开发思路。根据中小学生所知道的自然界中一些肉眼看不见，必须借助显微镜才能观察到的微小生物。微生物在自然界分布广泛，多数微生物对人、动物和植物是有益的，病原微生物引起人和动物发生疾病，具有致病作用。通过课堂教学、操作与实践、观察与交流等系列课程推进活动，让学生认识微观世界，培养和提高学生的实践能力。开发课程的具体内容包括：认识显微镜下的人体细胞，让学生学会使用显微镜观察各种人体细胞；认识显微镜下的微生物，通过学习观察，认识微生物、细菌；观察和培养自己手部的微生物，了解细菌在人体的正常分布，学会如何消毒灭菌。

三、"显微镜下的世界"职业体验课实施中的收获与经验

根据本课程的设计思路，结合中小学生的认知特点，积极准备了体验课教学内容，首先撰写了教案，准备了课件、图片、视频和丰富多彩的体验活动。并在区职教研的指导下进一步进行了教案的修改和课件的补充工作。在2016年的"六一儿童节"前为小学生开展了一次职业体验活动，取得了较好的效果。在此基础上，在2015—2016学年和2016—2017学年第一学期为定安里小学、景泰小学、天坛东里小学、五十中分校等多所学校进行了职业体验活动，受到学生和教师的好评。学生对所体验的内容有较大的兴趣，学会了显微镜的使用，观察认识到许多不同的人体细胞，观察了一滴水中的微生物。学生体会到只有认真仔细地观察，才能看到显微镜下的世界。

通过近三个学期的职业体验课教学，教师也获得了较大的收获，更加认识到职业体验是一个潜移默化、不断发现的过程，职业体验不仅是知识

和技能的传承，也可以埋下愿景的种子。在本课程的体验活动中，教师安排的体验内容均是学生在生活中和学习中涉及和接触的常见事物，如食物的发霉、一滴水中的生物、面包的发酵、常用的消毒方法等体验活动即是如此。在体验中学生能体验一定的实验技能、显微镜的科学使用方法、显微镜观察时的注意事项，并自己动手绘出显微镜下的人体细胞和微生物，体验动手制作临时装片。观察学习和展示体验并举，在体验中寓教于乐，对中小学生具有一定的吸引力。在体验课教学中，教师要为学生创建一个思考和探究的平台，要精心设计和准备体验内容，要打破原有的学历教学规律，调整教学思路，教学过程中通过使用多媒体课件进行辅助教学，给学生展示显微镜下一个个鲜活的微生物图片。让学生对周围的肉眼看不见的微观世界产生强烈的好奇心，激发学生的探究兴趣与求知欲望。通过参与体验课，学生能直观了解生物学方面知识，有助于学生今后的学习，有助于学生了解生活方面的知识，有助于学生的健康成长，有助于学生树立积极向上的生活态度和积极主动的学习态度。"显微镜下的世界"体验课也有助于学生初步树立职业认同感，增强他们对自身发展的自信心。职业体验课的开展，对于教师来说也让教师的优势资源得以整合和体现，进一步增强了教师之间的凝聚力，拓宽了教师的工作视野，进一步提高了教师的服务意识，提高了教师应对各阶段学生的能力。

四、"显微镜下的世界"职业体验课开展过程中存在的问题与建议

职业体验课同样要培养孩子们的科学素养，作为教师要细心呵护孩子与生俱来的好奇心，通过实验和体验点燃学生探究的热情。在今后的体验课中，还要进一步落实体验课课程内容，开发符合学生特点的实验项目。实验项目要做到小而精，让学生易理解、易掌握、易操作，让体验课更系列化、模块化、灵活化，让体验课更容易进行。

体验中传文化　实践中学真知

——"一根红线结文化"的教学实践与思考

鲁印丽

　　随着北京市对职业教育的调整规划，我校进入转型升级阶段的关键期。教师们先后开发了20多门职业体验课程。"一根红线结文化"这门体验课程是为了传承历史悠久的中国绳结艺术，使其得到更广泛的认知和体验而设计的，是几位教师共同参与开发的一门传统手工艺课程。从开课至今，本人共承担四次助教、两次主讲任务。由于是第一次参与小学授课教学工作，既新鲜又有些迷茫。期间，我看到了学生们对中国传统文化的喜爱与憧憬，同时在实际授课中也发现了一些问题。以下是本人在参与过程中的几点做法与思考。

一、确定符合学生年龄的体验课教学目标

　　体验课不同于学历课教学，它不仅要传授知识，更注重的是学生的体验过程。通过引导学生的亲身体验，使他们能够了解不同职业的特性，感知文化的魅力，体会劳动的快乐，感受职业的艰辛，培养学生热爱生活、关注社会的思想感情。本门课属于手工范畴课，是通过以小见大、以形表意的手工技艺来传达中华民族对美好生活的向往和期盼吉祥的千年情结。而我们的授课对象是小学生，小学生一般分为低、中、高学段，每个学段的学生接受能力不同。此次教学，我主要接触到的是中、高学段的学生，相对于低学段的学生来说，他们已经有一定的理解力。

　　在备课的时候，我一直思考的一个问题就是：如何来设定自己的教学目标？我们都知道，真正的课堂主人是小学生，无论怎样的教案，学生都

应该在这堂课上学有所获，他们应该比上课之前更懂得相关领域知识，有更深的情感体验……总之，学生有了变化，这才是检验一节课是否真正有效的标准。因此我在情感目标设计上，突出中国结艺术的魅力，以传承文化遗产为主；在能力目标设计上，针对学生年龄特点，以通过学习简单结，为复杂结的编制奠定基础；在具体实施过程中，突出体验课特点，以动手操作为主。实践证明，这种以讲为辅、以做为主的思路是有效的，学生基本都能完成自己的作品，并获得成功的体验。

二、确定符合学生特点的教学方法

一堂课的好坏，与教师采取的教学手段是否得当是密不可分的。为了便于小学生的接受，更好地实现本节课的教学目标，根据现代认知教学理论，一方面，我在课件制作上，注重色彩搭配，有效调动学生的感官；在语言描述上，注重简洁易懂，便于学生接受；同时，将自己制作的绳艺作品展示出来，来吸引学生的注意力。另一方面，采取小组合作的探究学习方式来完成本课的制作任务。由于每个学生的接受能力不同，为了更好地完成教学任务，在授课的过程中我采用小组学习方式，在操作中勇于"质疑"并进行自主探究和评价，从而有效地培养学生的自主学习意识。将学得快的学生"聘请"为"助教"，教会本组其他学生，这样你教我学，一个人教一群人学的氛围，真是其乐融融。学生们不但学会了结法，更感受到集体智慧的光芒。通过学生之间的交流学习、竞争，学生不仅克服了困难、树立了信心，还体验到成功的喜悦，懂得了团结协作的重要性。

三、采取有效方式，激发学生的学习兴趣

新课改强调学生不仅要有强烈的好奇心，更要在教师的引导下形成积极主动的学习态度，在获得基础知识和基本技能的同时养成健康的情趣。本人认为职业体验课教学亦如此。因此，在实际授课时，我做了以下三方面尝试：

（一）设"境"引"趣"

俗话说：好的开端是成功的一半，根据本节课内容颇具观赏性和装饰性的特点，我先将自己制作的各种结艺作品展示出来，同时用多媒体课件

展示一件件造型独特、绚丽多彩的中国结样品，让学生从欣赏不同造型的结艺中感受到它的观赏性和装饰性。学生们被这些精美的作品所吸引，在此基础上我趁势引导学生思路，畅谈对中国结文化的了解，感知源远流长的文化沉淀使得中国结渗透着中华民族特有的、纯粹的文化精髓，"结"字是一个表示力量、和谐、充满情感的字眼，无论是结合、结交、团结，还是永结同心，"结"给人的都是一种团圆、亲密、温馨的美感。这种做法可以充分调动起学生思维的积极性，把学生带入一种特定的学习情境之中，为学习新知奠定了心理需求到知识需求的铺垫。

（二）以"例"激"情"

中国结是中国人继承传统文化和民族精神的艺术载体，民族的文化即是世界的特色文化，北京 2008 年奥运会的会徽就是一个中国结的图案造型。通过让学生观看中国 2008 年奥运会会徽，感受五大洲的团结、协作、交流、发展，世界人民携手共创新世纪的寓意；通过联通公司 LOGO 标志，让学生感知中国结元素在现代设计理念中的传承与发展。在学生欣赏完之后，我及时总结：这些韵味悠长、美丽独特的中国结是我们中华民族一份宝贵的文化遗产。简单的一句话，就把所有学生的爱国热情充分激发出来了。

（三）点"赞"传"情"

小学阶段的学生大部分是有积极向上的进取心的，这与他们求知欲、自尊心和好胜心强是分不开的。对于遵守纪律、做得好的学生，我及时给予表扬与奖励，同时也是为自控能力差的学生树立标准和榜样。对于动手能力欠缺的学生，要鼓励他：没关系，我们再来做一次。使他们在互相比拼过程中获得学习的快乐和成功的体验。有些学生在获得教师的鼓励后表现出超乎寻常的主动，甚至令周围的同学刮目相看。在完成作品后，我告诉学生：中国结有吉祥如意的寓意，希望同学们把自己的作品送给父母或亲朋好友，来表达对他们的祝福！

四、反思

（一）结绳工艺看似简单，但操作起来有一定难度

虽然课件展示中，已经展示编制过程的正确走线图，但由于学生年龄小、抽象思维认知欠缺，部分学生仍无法根据图例进行正确的走线，必须由教师手把手指导。特别是低年级学生，看似简单的制作过程，但上手后发现，每个编织步骤都会影响作品最后的成型，最终还是需要他人的帮助。这给教学进度带来一定的制约性。

（二）手工艺制作需要耐心与细心

不同学生之间的能力、兴趣、爱好和特长呈现出明显的差异性，尤其是男生，相对于女生来说活泼好动，缺乏自制力，对教师的要求合乎己意的去办，不合己意的就拒绝或逃避，不能控制自己，凭冲动行事，对于动手制作缺乏耐心，因此在授课中如果遇到男生时，全靠学生或独立或合作地自主完成，有一定困难，这就需要教师付出更多的关注和心血，去引领他们，培养他们的耐心和细心。

（三）作为体验课，缺乏一定的制约机制

虽然作为任课教师，我们会想尽一切办法调动学生的学习积极性，但毕竟每一个学生的兴趣爱好不同，要让每一个学生都能"爱"上自己的课程，的确有一定的难度。部分学生自我控制力差，存在影响课堂纪律的问题，我们又没有像学历课那样的惩罚机制，所以造成教师上课很被动。再加上由于时间紧，有些学生只是来一次或几次，如何有目标、有针对性地进行疏导、教育、指正，使他们养成遵守课堂纪律的习惯，是值得我们思考的问题。

职业体验课程帮助学生插上一对腾飞的翅膀

许晶楠

北京现代职业学校自 2015 年顺应职业教育发展的大趋势，有效有序地开展了职业体验课程的开发、申报和实施的活动。在如火如荼的工作环境影响下，我连续承担了"小小物流师""小小工艺师""照片 DIY"等职业体验课程的助教工作。在担任助教的过程中，我一边学习一边总结，对职业体验有了一些认识和感悟。

一、职业体验课程的有效进行依托于职业角色的合理定位

在我所承担的"小小物流师"的助教工作中。在指导学生活动的过程中，由于体验的内容与学生的生活密不可分，学生都会接触快递工作，或自己有网上购物体验，或家人有网上购物体验，体验内容不陌生；但是对于职业角色的具体内容认知又处于模糊状态，因此，物流对于他们有一定的吸引力。特别是小学生，他们对于未知的世界充满了好奇和兴趣，当他们打开物流实训软件时，见到了虚拟的物流平台，见到了货架上琳琅满目的商品随着自动化的设施流向全国的各个物流分站，体验到了平时他们看不见的过程，他们的内心是满足的。有的小学生在课程反馈单中写道："今天，我亲眼看到了物品是如何从买家通过互联网物流系统到达我手中的，我感到既高兴又兴奋。"

二、职业体验的内容应该是符合学生的年龄层次和知识层次的

由于职业体验的施教对象是不固定的。因此就要求教师对同一内容准

备出不同层次的教学内容。对教师提出了比较高的要求。而且随着时代的发展，要求教师与时俱进，不断提升自己的知识，对于小学生的授课，要深入浅出，注重动手、注重体验；对于中学生的授课，就要注重创新、注重内涵。每次在指导学生进行职业体验的过程中，不同年龄段学生的体验感悟和兴趣点截然不同。小学生对于物流器具的操作（如叉车的使用、扫码器的使用）更感兴趣，在教师的指导下，他们能够摸一摸，看一看，用一用，就心满意足了；而初中生则对物流的原理和发展感兴趣，这就要求教师能够有针对性地开展工作。

三、职业体验课程的设置应该具有时代的前瞻性和强大的生命力

职业体验有助于学生未来即将面临的职业选择。它的出现，让学生提前感受到了职业的需求。它帮助学生早早树立了职业选择，在孩子的心中种下了职业的种子。在职业体验过程中，同学之间建立了深厚的友谊，加深了同学之间的了解，培养了学生非智力因素方面的能力，学生在各个职业体验过程中激发了他们对各个职业岗位的尊重，体会出作为职业人的艰辛和不易。有一位参与过职业体验的小学生就曾经对我说："以前，我觉得快递员没有什么难处，自从我在职业体验课程中体验了搬箱子和码放物品，才知道原来作为一名快递员还要有这么多的素质。随着信息时代的发展，我将来长大了，要发明一种新型的机器人，代替快递员叔叔的劳动，让他们只需要发个口令，就可以指派机器人将物品送到客户的家中，减轻他们的工作量。他们太辛苦了！"通过几节课，就让学生体会到职业的不容易，我倍感欣慰。因此，我们在设置课程内容时，要时时更新，紧紧跟上时代的脚步。为学生未来的发展奠定基础。

四、职业体验课程的目的是帮助学生规划"我的人生"，深度挖掘过程体验

职业体验课程相对于其他传统课程来讲更注重过程与体验而不是结果与成品，即使最后的活动结果按计划来说是失败的，也从学生获得宝贵经

验的角度视为一种成功。在职业体验课程中实施的职业体验活动也是这样，活动过程的经验与体会永远高于活动的完成度，无形的心灵感受始终重要于有形的成果作品。强调亲历职业体验实践，深度探究职业分工职能。倡导亲身体验的学习方法，引导学生对自己感兴趣的职业持续、深入地探究，防止浅尝辄止。"小小物流员"是面对小学六个年级和初中三个年级所实施的中长期职业体验活动，活动从学生的兴趣出发，由学生自主展开探究，教师引导学生展开活动，并帮助其深入研究职业特点和职业职能，学习简单的职业技能，继而运用所获得的知识与技能，体验物流工作的职业活动。整个活动实施的过程中，学生与教师共同面对所产生的问题，解决困惑，引发思考。让学生了解真实快递员的工作与辛劳，并让学生重新认识这个职业的定位与职能，帮助学生规划未来的学习与职业方向，达到深入挖掘自身感受，不断修正自我定位的作用，促使师生共同成长，激励师生携手学习。系统、规范、有效的职业体验活动为学生提供了更为广阔的个人发展空间。在专业教师的指导下，在不同职业体验主题活动中，学生可以学习简单的职业技能，扮演各行业职业的角色，进行自主职业的体验。便于培养学生良好的职业理想，规划自己的职业方向，满足每一个人的自我实现需求。也有利于他们面对未来职业规划与学业规划时，做出自己正确的选择。

虽然我没有走上主讲的讲台，但是在作为助教工作时，我也是体会很深。职业体验课程是一门以小见大的课程，是一个社会发展的小缩影。它的存在为学生的全面发展提供了阶梯，给每一个学生的未来插上了一对腾飞的翅膀！

用心为职业体验课做好服务

贾景会

自我校开展中小学生职业体验课以来，我先后担任了多门课程的助教工作，从中体会到一名合格的助教需要很高的综合素质，总结出助教工作更需要我们用榜样的力量、智慧的工作方法、一颗火热的爱心以及润物细无声的耐心来铸就。

一、以榜样的力量引导学生的行为

对于学生而言，教师是具体的道德、能力、知识的化身，教师的一言一行，不管有无进行教育的自觉性，都会成为学生仿效的标准。特别是小学生，他们的模仿力强，可塑性大，热切地关注着周围的人和事，尤其崇拜有魅力的教师。

（一）知识引导

作为多门职业体验课的助教要了解每一门职业体验课的职业性质，懂得学生需要体验的职业知识，要熟悉每节课的体验内容，掌握学生体验的每一具体细节。这样才能在学生向你求助、问问题的时候对答如流，能很好很快地解决问题，使学生从心底信服你。为达到这个基本的要求，就需要助教向每门课程开发的教师认真虚心地请教、沟通，形成自己内化的知识。

（二）语言引导

小学生，特别是低年级的学生，他们对教师的想象几近神圣和完美，他们对教师特有的期望和依赖，往往让他们在观察教师时会产生一种"放大效应"和"模仿效应"。也就是说，教师一言一行都处在最严格的"监督"之下。我们要规范学生行为，使学生很好地体验不同行业的语言规范，就要充分注意这种"放大"和"模仿"效应。在与学生的交谈中，助教也要特别重视语言内在和外显的教育、引导作用，要求教师无论在什么场合下都要讲普通话、用文明语，都要注意语言的感染力和亲和力，成为学生仿效的榜样。如，教师在使用"谢谢""对不起""请您稍等"等文明用语时，要发之于内心，出之于真诚，避免流于形式或应付。在工作中，教师注意不同职业的行业术语的引导作用，使学生身临其境地模仿，把自己当成一名员工。学生会在不自觉中受到影响，模仿教师的语气、表情与人交往，他们会在潜移默化中养成良好的文明用语习惯。

（三）行为示范

小学生的学习往往从模仿开始，人们常说，学生身上有着教师和家长的影子。因此教师举手投足间都渗透着教育。当地面有纸时，我总是赶紧捡起，教室桌凳歪斜时，我总是整理摆齐，讲桌不整洁时，我总是清理干净……这一切，学生会看在眼里，记在心上，慢慢地学生都会照着我的样子去做。放学了学生用过的工具总能摆放整齐；学生的桌椅总能及时归位；教室地面有纸，学生会马上捡起，而且他们还学会开窗、开门时要轻轻地。知道了怎样做才能不打扰别人。我在做这些事时，是发自内心的，不是做给学生看，因为只有从最细微、最切近的事入手，才能用行为指导学生，才能对学生的良好习惯形成感染力和示范性，学生不仅在一时一事上养成好习惯，不少学生还能举一反三，各方面做得都很好。

二、以智慧的方法来激励学生的成功

教育学家陶行知曾经说过："儿童都有希望获得被认可的天性。"面对学生的点滴进步，教师都要以欣赏的态度来对待。及时的鼓励是非常有效的，这种鼓励不只来自教师，也可以来自学生自己。因此，助教要注重观察学生的行为规范，抓典型，树榜样，在每节体验课中都总结学生的闪光点，我们大家一起为他们点赞。在体验活动中开展评比激励机制，形成互争互赛的竞争氛围，让学生通过竞赛看到自己的闪光之处，明白自己的不足和今后努力的方向。每节课鼓励学生自己总结，发现小组同学谁做得好，谁是团队的榜样。

每次的体验课，助教要善于观察，详细记录，结合主讲教师给每一名学生真实、公正、鼓励的评价。对做得好的学生要不吝惜表扬，对稍微差点的学生要鼓励他说出自己的想法与做法，共同分析问题，同时表扬他能勇敢地发言。课后及时与他们的带队教师交流，通过他的评价鼓励表扬学生。记得有一次，班内的同学明显地不喜欢其中的一名小学生，他们说："老师，您别管他，他什么也不会。"可是据我观察，他对计算机很感兴趣，就鼓励他用 PS 软件完成照片的 DIY 设计。虽然其中需要我的帮助，但是最后他很好地完成了作品，并打印出制作的照片。当时，我就从那个孩子的脸上看到了成功的喜悦。下课后我把这个孩子的情况反映给他们的带队老师。第二次上课时，我明显地发现他做得更好了。

三、爱心与耐心的并存

陶行知先生说过："真的教育是心心相印的活动，唯独从心里发出来的，才能打到心的深处。"近两年的助教工作实践告诉我：作为一名助教，面对不同学校、不同年级、不同性格的形形色色的学生，我们只有对学生倾注满腔火热的爱心，只有与学生平等交往、真诚相待，进行耐心细致的讲解教育工作，才能使我们的助教工作游刃有余。只有具备了"爱心"和"耐心"，才能为我们做好助教工作储备较为充足的能量，只要做到这些又何愁工作的难度大、任务重呢？从学生进校开始，助教不仅要关注学生的安全，还要照顾好学生是不是需要喝水、去卫生间，身体是不是适应活动的需求，等等。这就需要我们事无巨细地关爱每一名来体验的学生。

总之，中小学生职业体验课程中助教具有举足轻重的作用，只有勤思考善反思，才能使自己的助教工作做得更精彩。

手持红绳做文化与艺术的启蒙者

张 君

职业体验在我校已经开展两年多了，我参与课程开发、担任助教也已经有近一年的时间了，但真正地走入课堂担任主讲还是最近的事情。我们打造的这门课程叫作"一条红绳结文化"，是一门讲解中国结的发展历史与制作方法的课程。在课堂上我初步了解到学生们选择这门课的理由，一般是教师帮助选的或是单纯对这门课感兴趣。由此可以看出大部分学生对中国结的了解并不深。因此在课程的设计过程中我们对中国结的起源、发展、寓意进行了详细的讲解。通过大量精美的中国结图片、电视剧中的经典片段、生动的小故事激发学生对中国结的好奇与学习兴趣，而后再讲解中国结的具体制作过程。课程的整体设计围绕着传播文化增强民族自豪感，渗透美学提升艺术鉴赏力，动手实践激发创造性思维三个方面展开。

一、讲解中国结的起源与发展，传播文化，增强民族自豪感

悄悄地，中国风刮了起来。于是，街头巷尾，我们常常会看见时髦的女孩身着传统的中式衣服：精致的盘扣（见图1）、织锦的质地，让人一望便隐约品到了远古的神秘与东方的灵秀。于是，挟着中国风，我们看见了那散发着传统芳香的中国结艺，也许是沉淀得太久，她的古色古香，让人不禁神往。

图1　中式衣服盘扣

中华民族历史源远流长，传统文化博大精深，它是中华民族的重要凝

聚力，同时也是中华五千年文明的魅力所在，而中国结则是传统文化中民间工艺的重要代表。中国结与中国的历史一样渊源久远，始于上古，兴于唐宋，盛于明清。由于年代久远，漫长的文化积淀使得中国结渗透着中华民族特有的、纯粹的文化精髓。

中国结的向心凝聚精神也自然成了中国与世界各国文化交流的典范，并影响到周边国家的装饰艺术（见图2），中国结艺在日本、东南亚各国广为盛行，韩国把它作为手工艺品中的精华。日本人对"结"也有着特殊感情，用在礼品袋、封筒上的绳结"水引"，融入了编结人的心意，有很多讲究。蝶状的活结可拆了重编，用于小孩出生礼、入学礼、岁末礼、奖品等，寓意多为"好"。但订婚、结婚等喜事，则用平结形状的死结，寓意"一生一次，不离不弃"。

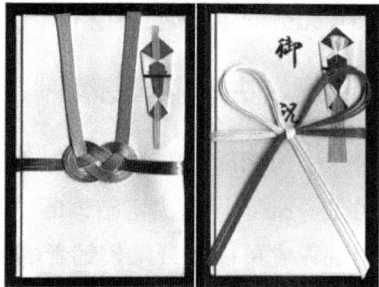

图2 中国结在装饰艺术中的体现

在当下的社会生活和艺术作品中，中国结的文化含义也不断得到体现与延伸。在2001年8—9月南非举行的反对种族歧视世界大会会徽和第十四届亚运会会徽都是采用了中国结的"双鱼结"图案。

二、讲解中国结寓意，渗透美学，提升艺术鉴赏力

中国结也是中国传统装饰图案中的一种吉祥符号，早期的民间艺人将这种不断演绎和变化的吉祥符号装饰在各种建筑、家具、器皿和实用或不实用的物品上（见图3），其目的就是趋吉避邪，追求幸福平安。通过漫长的历史发展和文化积淀，这种吉祥符号不仅能依附在各种载体之上，还将这种能代表人们总体愿望的符号分离出来，用来满足人们不断日益增强的吉祥愿望。一根红绳，就这么三缠两绕；一种祝福，就这样编结而成。"中国结"作为一种特殊的文化符号，它凝聚了历代艺人的智慧、灵

图3 中国结在物品中的装饰

巧和艺术感，赋予平直单调的绳线以深刻丰富的艺术内涵，并通过一个个结饰表达思想情感，或寄托希望；或保佑平安；或祈祷福寿。作为装饰艺术，中国结固然偏重于形式美，但也通过不同的寓意反映着人们对生活的美好愿望。真与善藏于美的背后，内容消融于形式之中，在那大红绳的一编一绾一缠一绕中表露无遗。在中国人心中，结有着丰富多彩的内容，它具有无穷的生命力代代相传。

三、讲解中国结编制，动手实践激发创造性思维

中国结的编制，要经过编、抽、修的过程。各种结的编法是固定的，但是"抽"可以决定结体的松紧、耳翼的长短、线条的流畅与工整，在编制过程中可以充分发挥编者的创造性思维。"修"则是学生依据自己的想象力对绳结进行最后的修饰，如缝珠、上浆等。由于"结饰"变化繁多而雅致，编用的线材除了棉、麻、丝、尼龙和皮线之外，还有金银等金属线材可以搭配，更增强了中国结装饰的功能和适用范围。无论是各种首饰、衣服配件和礼物包装的美化，还是室内各种陈设物品的装饰，都可以搭配中国结来增添美感。

图4　中国传统吉祥装饰物品中的中国结

另外，把不同的结饰互相结合在一起，或用其他具有吉祥图案的饰物搭配组合，就形成了造型独特、绚丽多彩、寓意深刻、内涵丰富的中国传统吉祥装饰物品（见图4）。在混合搭配的过程中极大地提升了学生的创造

力。此时的"中国结"更像一个个充满生机的灵物，带着艳丽的色彩和吉祥的瑞意从学生的手中诞生，走进千家万户，给追求幸福美满、安居乐业、事业发达、国泰民安、爱好和平的人们捎去了吉祥如意的祝福。正所谓"天不老，情难绝，心似双丝网，中有千千结"，中国结是我们炎黄子孙挥之不去的浓浓中国情结。

总之，通过体验课的学习，学生体会到了中国结的文化内涵和艺术魅力，还学会了一些简单结饰的编织，在编织过程中成功地提升了学生的自豪感和成就感。为了使学生的情感得到升华，我们鼓励学生课后多学多了解中国结，弘扬中国传统文化，激发他们的民族自豪感。最后，告诉学生们：人生的道路上会经常出现"结"，但生活中的成功者，往往懂得调节和控制自己的言行，把"结"变成美丽的成果，让快乐永存身边。

助力职教转型　加强课程探究

赵　静

20世纪末，墨西哥出现了第一所青少年职业体验专题乐园。之后，日本、美国等发达国家逐渐推行青少年职业体验项目，职业体验公园成为与迪士尼乐园并驾齐驱的又一个青少年主题公园。21世纪初，青少年职业体验被引进中国，到现在，北京、上海、杭州、昆明、哈尔滨、长沙等地陆续创办了多所职业体验馆，正在创建的青少年职业体验主题公园达40余所。中国以及国外青少年职业体验活动的迅猛发展，对青少年的发展和人生观的确立有着重要的作用，具有深度探析和讨论的价值。

一、职业体验课程开展的背景

目前，我国的经济发展已经进入提质增效升级阶段，经济发展的新常态需要高素质人力资源的支撑。教育作为科技第一生产力和人力第一资源的重要结合点，更加注重加强对学生综合素质的培养。《国家中长期教育改革和发展规划纲要（2010—2020年）》指出，教育应该以能力为重。着力提高学生的学习能力、实践能力、创新能力，教学生学会知识技能，学会动手动脑，学会生存生活，学会做人做事，促进学生主动适应社会，开创美好未来。

基础教育新课程改革也以提高学生综合素质，促进学生发展为宗旨，提倡通过教育引导学生认识世界、体验生活、了解自己、提高自己，实现学生积极主动全面发展。面向中小学生开展职业生涯教育，是以职业教育内容为载体，通过教育途径帮助学生体验职业、认识世界、了解自我、提升学生职业生涯规划能力的教育活动，是素质教育的重要内容。

职业教育与基础教育的融合越来越受到重视，职业教育与普通教育的融通成为教育改革发展的重要内容，《国务院关于加快发展现代职业教育的决定》（国发〔2014〕19 号）明确提出要形成职业教育与普通教育的相互沟通与融合。职业教育与普通教育的沟通与融合是指职业教育与普通教育在课程与教学内容上的渗透、整合，表现为职业课程与学术课程的整合，以及职业课程作为一个体系贯穿基础教育阶段。这一要求为开发与利用区域内职业教育资源为普通教育提供职业教育服务创造了社会条件。

二、职业体验课程实施的意义

职业体验即经过亲自经历来认知各类岗位。诸多家长将青少年领到职业体验馆，目的不是使他们学习技术，而是培养他们的性格以及团结合作的意识、思维水平、创新水平和操作水平等。在体验馆中，青少年亲自经历各类活动，感悟劳动的真实、辛苦以及愉快，进而得到真实感触，形成优良的习惯。在身份感受中，青少年能顺利地接收父母想要传输的思维观点和活动方法，而不是以前的单纯劝说和强迫教育。

青少年职业体验形式隐藏的观念就是体验教学和体验习得。20 世纪初举办的中国少年先锋队第四次中国代表会议早已总结出，往后时段各个少年先锋队集体要领导青少年在实际操作中体验，并总结出"体验教学"的思路；我国青年团队核心少年委员会在《有关引导和聚集少年先锋队成员在实际操作中体验的实行建议》中再次对体验教学展开了概括性的阐述。

针对体验教学，当今大多引入美国体验教学联会的含义：一个"求学人员从直观经历中建造常识、技术和意义的进程"。在此进程之中，体验和求学密切相关，不容分离。青少年经过实际操作，得到体验，对他们而言是一类最顺利与最基础的求学方法。陶行知的观点是"生存就是教学""时代就是院校"，这些观点都有着深层次的意义。青少年不仅要在院校内得到多样的体验，还要在社会中以一种身份得到一类感触，把握人生真理。当今，职业体验就是为了强化青少年的岗位感触、单独水平和时代竞争水平而设置的，让青少年通过各种游戏，体验成年人的岗位活动，从而把握时代的机体构造、司法机制、各类岗位特征以及按照劳作获取报酬的时代配置规则等。这些活动可以使青少年体验到各类岗位的辛劳和愉快，也有利于他们把握成人之后将要面对的社会择业。

三、讲授"创意空间"课程的体会

开发创造力，培养创造型人才是现代社会发展的需要，也是教育事业改革与发展的需要。"创意空间"这门课，给教师提供了指导学生开展探究性学习的空间，也给学生提供了深入探究学习、充分发挥创造力展示的舞台。我们的每一次制作过程，都经历了从创作意念产生到实施方案设计，从作品结果分析到制作报告完成的过程，每一步都是在教师的精心调控下完成的，涵盖了探究目标、探究问题、探究方法、探究思路、探究内容和探究结果。

（一）唤起学习兴趣，激发探究热情

制作内容的选择要结合生产实际、学生的生活和环境，唤起学生的兴趣；教学过程提出的问题既要有吸引力又要富有思想性，像无形的磁力一样能引导学生思考，激发学生的探索兴趣；制作完成后及时进行个人成果展示，师生共同分析评论作品，同学相互交流实作心得、全班一起探讨成功奥秘，让学生体验成功的喜悦，提高学生的求知兴趣。

（二）激发活跃思维，调控探究过程

新的教育理念认为，创新意识和创新能力不是教出来的，而是通过独立的思考和有利于创造性思维的环境激发出来的，基于这样一个观点，在课堂教学中，要加强对学生进行以思维能力为核心的各种能力的训练和培养：由微观到宏观，由现象到本质的推理判断能力；对知识之间内在联系的分析归纳能力；对概念、规律的运用和迁移能力；自学和阅读能力等。既要注重激发学生的思维活性，使学生养成善于思考的习惯，又要注重引导学生"质疑"，为学生提供发挥想象力、创造力宽松活跃的空间环境，才能培养学生的创新意识，使其具备创新能力。

（三）发挥主体作用，促进探究学习

培养学生主体精神、参与探究的意识，教师必须依据学生的认知规律，在每一个环节上体现学生的主体地位，课堂教学中要不断强化学生参

与探究的过程，注重给学生创造参与探究的机会，调动学生的探索积极性，使每一个学生的才能、才智得到发挥。在实操探究课中学生的主体作用表现在：①以学生制作为核心组织教学，学生始终置身于亲自动手实验和积极思考的学习情境中，既要动手操作，又要动眼观察，还要动脑思考，这有利于培养学生的动手能力、观察能力、思维能力、探索能力、创造能力。②学生的主体作用主要表现在学习过程中的主动性、积极性、独立性和合作性。学生独立完成操作，并通过实验分析得出科学的结论。学生还在分工合作中展现自我，在讨论交流中提高认识。

（四）提高科学素养，弘扬探索精神

"创意空间"的教学过程体现了科学的探究过程，它包括提出问题、进行假设、实验设计、实验操作、观察现象、分析数据、得出结论等。在学习过程中我们让学生不仅初步了解了科学的探究过程和科学家的工作方法，而且培养起他们对科学的兴趣，逐步养成实事求是的科学态度，逐渐形成不断追求新知识和合作的精神品质，提高了学生的科学素质。

认真学习，努力做转型期的好教师

李玉芳

由于北京中心城区的城市功能调整等原因，职业学校的生源大幅减少，中心城区的职业教育都面临转型，目前的教育呈现学历教育、社区教育、中小学职业体验和北京市初中开放性实践并存的局面。

综观当前我国的中学教育体制，学生对于职业方面的准备似乎仅仅停留在知识和技能的准备上（而且还更加强调知识），这就好比一个准备扬帆起航的船长不关注自己航行的路线、目的地，而天天埋头于训练水手、修补船只、储备食物。殊不知，如果没有正确的方向和严谨的路线设计，就是有再优秀的水手，再坚固的船只，再充足的食物，也很有可能葬身汪洋大海，或者在仓促之间随便找一个小岛停靠（与其本身能量价值并不匹配），很难到达理想的港口。这不是危言耸听，我身边有很多这样的学生。高中时代，他们认真学习，心想只要考上大学就必将功成名就，扬眉吐气，所以每天披星戴月地辛勤耕耘。终于，迎来了高考，成绩发布，金榜题名。然而困惑却随之而来：应该选什么样的专业？当别人问他喜欢什么专业时，他无言以对，因为他甚至不知道这些专业是干什么的，以后的工作会怎样，谈何喜欢。然而，高考后填志愿的期限却不得不要求广大的考生要在这几天里在对职业情况知之甚少的情况下做出影响一生的决策。于是，国家大量教育资源的浪费便从此开始了。很多人在大学里对自己的专业不感兴趣，荒废学业；很多人在大学里发现了更适合自己的专业，仓促转行；更有一些人是在毕业了之后才知道这个行业真的不如自己的当初所想，疯狂跳槽！当越来越多的转行和跳槽来临的时候，不仅对于国家和社会来说是一种资源的浪费，对于个人更是一种对幸福的摧残。因为当他转到一个新的行业的时候，他必然在知识储备和技能训练上比不过别人，或者需要一个相当长的适应期。当然有人说，上大学不是只为学习专业知识和技能，更在于能力方面的培养。但我想说的是，如果鱼和熊掌能够兼得，为什么还要信奉它们不可兼得的鬼话呢？让学生上他喜欢的专业，更可以激发他的学习兴趣，让他在愉悦的学习过程中达到知识、能力双丰收，而这才是教育的目的。所以，要使人幸福，特别是获得职业上的幸福，就必须在中学阶段就对学生进行职业教育。让他了解自己感兴趣的专业，了解这个职业的工作环境、工作对象，甚至是工作中的各种不快。倘若这样，学生可以多一点学习动力，少一点盲目选择；多一点脚踏实地，少一点好高骛远；多一点对自己未来的思考和准备，少一点对职业规划的无知和浪费。所以，在职业学校开展职业体验活动顺势而生。但是，职业体验怎样才能不成为空中楼阁，怎样落实于学生的思想行动，怎样开展配套的职业教育还有待于我们进一步思考和探索。

作为一名一线的文化课教师，在区职业体验课程开发阶段，我积极献计献策，并撰写相关课程教案，受到领导的肯定。目前我校的职业体验课程中，我不能以主讲教师的身份参与，但我愿意像其他教师那样参与到职业体验的过程中去。希望自己提出的区级体验课"为经典童话配音"和师训课"爱'赏'电影"项目能实现，也希望能有机会锻炼自己、提升自己的能力。

由于种种原因，到目前为止，我以助教的身份总共参与了几次体验课，且为不同教师的课程服务，但收获不小。看到当天参与体验课的学生背着重重的书包，拿着饭盒、水杯等，步行从他们学校来到我校，我深刻体会到了小学生和他们老师的不容易，内心油然产生一股深深的敬意，我想只有热情、主动、细心地为他们服务，才能让小学的师生们扫除身体的疲惫，除了在课堂上积极协助主讲教师的工作外，我努力帮助学生解决在学校、课堂遇到的种种问题。上课前，我不顾身体的疲劳，主动帮助学生把沉重的书包从一楼拿到四楼，下课后又从四楼拿到一楼。不为别的，只为内心那份敬意。

参加 Flash 动画体验课时，除了完成助教的工作外，其中书角动画、翻页动画，以及它的制作原理等，都让我受益匪浅。当时我正在准备本学期的开放性课程，对我启发不小。参加人体奥妙体验课时，我了解到许多以前不知道的知识，对自己的身体有了进一步的了解。参加创意空间体验课，我也是第一次听到空气动力汽车，让我大开眼界。

在北京市中学生开放性课程中，我参与了"指尖的秘密""视觉暂留"这两个项目。这是由公安大学和资源公司共同开发的课程，对我来说，它的是全新的科目。但经过领导的帮助和同事的共同努力，我认真向公安大学和资源公司的教师学习，在做好助教的基础上认真记笔记、思考，课后以微信的方式积极向他们请教，同时积极上网学习指纹、视觉暂留的相关知识，并关注电视上《法制进行时》《一线》《今日说法》《天网》和各种有关动画等节目。目前，我能把指纹课和视觉暂留内容，结合教师的教案、讲义和录像融入自己的所学之中，完成主讲教师的工作，感谢领导给予我锻炼自己的机会。希望随着课程的继续，我能越来越胜任主讲教师兼助教这个全新的角色。

作为学校的一员，我希望我们学校能有越来越多的职业体验项目，越办越好。在目前职教转型的浪潮中，能有我们学校的一席之地。

我谈职业体验

李继文

我校开展职业体验课程已近两年，本人担任多门职业体验课程的助教，和各位主讲教师全力配合，顺利地完成了职业体验课程。通过和各位主讲教师的合作，体会颇多。各位主讲教师的教学各有特色，教学内容都精心准备，针对不同年级的学生及时调整教学内容的深浅、难易程度，内容讲授深入浅出，利用视频、图片、课件、教师讲解演示、指导学生进行实际操作等多种形式开展课程体验活动。

"小小收银员"体验超市收银员一天的工作流程，包括收银员礼仪知识、班前班组会、营业前票币清点、假币识别、收银操作流程、营业结束后相关工作等，学生通过体验，全面了解收银员工作，既感到新奇、有趣，又体会了收银工作的辛苦。

"银行小小技能手"课程，学生学习手工点钞的多种方法、验钞机清点功能、扎把机的使用、计算器指法训练等内容，锻炼学生脑快、眼快、手快及相互协调配合，掌握运用正确的点钞指法进行纸币清点的方法。学生从最初的拿不住钞券，到最后能指法正确地进行清点，一点一滴的进步，和教师的耐心指导、亲切鼓励密不可分，学生也乐在其中，很有兴趣。

"金牌小柜员"体验的是银行柜员接待客户的日常工作流程，银行、银行柜员、员工礼仪的学习，使学生对银行形成初步了解；为客户办理业务——现金开户、续存、支取、销户，使学生对活期存折的使用有了直观的了解，通过自己亲自动手操作，最终的成果是每人都成功办理了一张活期存折。

"小小电脑维修师"，使学生看到了电脑主机的内部构造，自己动手拆装主要零件，学习使用风枪、电烙铁、专用放大镜等工具。学生在进行操作时，分组合作，互相配合，认真仔细，动作规范，从中体会电脑维修师的基本工作。

学校开展职业体验课程，始终把安全工作作为重中之重，放在首位。中小学生来到我校，学校领导首先集中提出要求，特别强调安全，走路右行，慢步轻声，上下楼梯注意安全，一切行动听指挥，服从教师管理，有事和助教打招呼，等等。进入各个体验教室后，主讲教师还会提出针对本课程的具体要求，也会重点强调安全，助教在整个体验过程中还要反复强调，不断提醒，密切关注，确保学生安全。例如，扫描商品的设备带有红外线，不能对着同学，不能当成玩具玩耍；身体和收款台保持一定的距离，避免钱箱自动弹出时碰到自己；使用点钞机和扎把机时注意手的安全距离；电烙铁和风枪的温度很高，使用中注意手握在什么位置，眼睛和物体的距离，等等。在体验活动中既要让学生学有兴趣，又要时刻把安全工作放在首位。

我校接待参加职业体验的学生包括小学一年级到初中，年龄6～14岁，他们对事物的认知程度不同，理解能力不同，实际操作完成的速度、时间、质量都有非常明显的差异。我们的职业体验课程的设计考虑到了针对不同年龄的学生，让孩子们通过体验都能获得不同程度的收获。

现在的孩子生活环境都比较单纯，每天几乎就是从学校到家，再从家到学校，两点一线，没有太多的机会接触社会，对市场的了解更是少之又少。通过职业体验活动，孩子能够有机会了解不同岗位，了解市场的规律和薪酬制度，懂得付出和回报的关系，从而建立对自己和对社会的责任感。

职业体验向孩子打开了一扇门，让孩子在做中玩，在玩中学，不仅学习了各行各业中涉及的知识，而且将思维方式的启发和处事方法的引导融入其中，让孩子们认识各行各业，让他们经历社会百态，给他们提供与人交往、动手实践、动脑思考的条件和环境。同时在体验过程中，通过学习如何和合作伙伴的融洽相处，培养孩子与人相处和沟通的能力。职业体验可以帮助孩子提早认识职场、培养团队意识，并拥有正确的理财观念，让孩子从中体会到父母的艰辛，学会尊重、体贴父母，怀有一颗感恩父母的孝心和对父母、对家庭、对社会的爱心。让孩子们在职业体验的过程中，认知社会、品尝艰辛、理解工作、懂得分享、学会合作，从而培养孩子们战胜困难的勇气和决心，提高他们各方面的修养和素质。通过开展职业体验，开阔了学生的视野，提高学生对于未来职业的关心和兴趣，增强对自己的了解和发展意识，学习社会的礼仪和规则，等等。

为了更好地开展职业体验课程，更多地了解小学生的特点，学校多方聘请专家举办讲座，确实受益匪浅。我们要活学活用，把相关的理论知识应用到体验课程的各个环节，在实际工作中不断总结、探索、提高，把职业体验工作做得更好。

论拓展体验对增强学生团队意识
和合作精神的尝试与效果

李传华

近两年来，因多方面因素，职业教育面临着前所未有的困境，面对困境，我校领导带领教师团队共同努力进行转型的各种尝试，其中我们作为学校基础学科的体育教研团队，在组长的带领下研发了适合中小学生的拓展训练项目。

拓展训练又称户外拓展训练，原意为一艘小船驶离平静的港湾，义无反顾地投向未知的旅程，去迎接一次次挑战，去战胜一个个困难。其意义在于面对困难要主动，要有积极的态度，要迎难而上，有目标、有信念、有方向，纵然千难万险也要勇敢地向着前方迈进。

拓展训练起源于第二次世界大战期间的英国。当时，盟军在大西洋的船队屡遭德国纳粹潜艇袭击。在船只被击沉后，大部分水手葬身海底，只有极少数人得以生还。英国的救生专家对生还者进行了统计和分析研究，他们惊奇地发现，这些生还者并不是他们想象中的那些年轻力壮的水手，而是意志坚定懂得互相支持的中年人。经过一段时间的调查研究，专家们终于找到了这个问题的答案：这些人之所以能活下来，关键在于他们有良好的心理素质。于是，提出"成功并非依靠充沛的体能，而是强大的意志力"这一理念。当时德国人库尔特·汉恩提议，利用一些自然条件和人工设施，让那些年轻的海员做一些具有心理挑战的活动和项目，以训练和提高他们的心理素质。后来其好友劳伦斯在1942年成立了一所阿德伯威海上训练学校，以年轻海员为训练对象，这是拓展训练最早的一个雏形。

拓展训练作为一种动态教育模式，适应了完善人格的要求。备受各国青睐，有的国家已经将其纳入到自己的体育课程标准中。目前，国内部分中小学校也在尝试性地将拓展训练项目引入到体育与健康课堂中。在教学中，通过营造环境、创设情境和激发动机，让参与者在实践过程中丰富认知、升华情感。这样既符合中小学生健全人格的发展要求，又对中小学生的人格完善起到积极的促进作用。

我国提出推行中小学素质教育已经近二十年，在此期间推行素质教育的成效并不明显，其原因主要是我国现有应试教育体制现状导致中小学生素质教育情况堪忧，随着社会的发展、独生子女人数的增多，中小学生缺乏团队合作意识的情况愈加突显。正确认识中小学生的心理状况，加强心理健康教育是时代发展的必然趋势。拓展训练作为拓展学生心智、提高团队合作意识的有效途径受到很大关注。新兴的拓展训练是一种现代人和现代组织全新的体验式学习方法和训练方式。它以体能活动为导引，以心理挑战为重点，以拓展心胸、拓展品格、拓展意志为宗旨，以完善人格为目的。实践证明，拓展训练课程可以提高中小学生健康的心理素质，促进中小学生的健康发展。

人格是个体所具有的一定倾向性的各种心理特征的总和，是在一定的社会文化发展的前提下，在长期的实践中形成和发展起来的与他人不同且比较稳定和独特的行为。人格的形成具有一定的连续性，孩子们早期的发展对其今后的发展有一定的影响。在其心理发展的"关键期"就是儿童期和青少年期，对他们人格的培养为其今后人格的发展奠定了基础。同时孩子们早期所具有的某些人格特质可能会影响到一个人一生的发展。因此，学生的早期教育对健全人格的形成具有重要的意义。拓展训练，是一种新型的体验式教育模式，是以挑战心理极限为手段，以注重情感体验为核心，以完善人格为目标，在参与拓展训练的过程中逐渐凝练团队，享受快乐，释放压力，认识自我，升华自我。

我校开展的以职业体验课程教育为主导的拓展训练，以心理、管理和职业体验课程为载体，进行有针对性的教学。在当前的素质教育、健康教育、人本教育的思想指导下，社会上时尚的、新兴的、有意义的新运动形式走进学校课堂，拓展训练以此为契机进入课堂，以弥补传统学校体育课程的某些不足，从而培养出更加全面的，身体健康、心理健康、有较强适应能力、有较强创新思维能力的人才。

就目前社会现状分析，大多数人员、团队都存在着这样那样的问题，比如，人与人之间缺乏信任，忠诚度逐渐下降；大多数人太在乎自身得失，执行力下降，缺乏毅力，没有大局观等。

拓展训练属于体验式训练。所谓体验式训练，简单地说，就是通过亲身经历来实现学习和掌握技能的过程，比如学骑自行车，我们没有人只通过书本和教材就能学会骑行；对于拓展训练来说，据很多人反映，印象深刻的是玩各种游戏，非常开心，就像游乐场；开心只是其中的一个层面，更深的教育在游戏的背后，通过一系列有针对性的体验式训练，潜移默化地感染，逐渐解决问题，循序渐进地改变，最终让个人和团队都变得更加强大。

根据我校的现有条件，我们目前开设了能量传输、不倒森林和无敌风火轮等项目。其中：

1. 能量传输

人手一片 U 形轨道槽，让小球从起点滚落到终点，距离共计 7 ~ 15 米，参与人数 5 ~ 15 人，要求小球不能倒滚，不能用手挡球，不能带球跑，终点有人用桶接球。这项活动在工作中或者团体活动中开展，上一环节失败了，下面可能就没有办法做了，因为某一人的问题影响了大家整体流水线的环节，做好自己该做的就是对组织最大的贡献。

2. 不倒森林

学生之间隔一杆距离，学生右手持杆，手掌向下，手心抵住杆头，左手放在身后，顺时针旋转。人走杆不动，杆倒失败。连续完成 6 个或者更多说明稳定性高，代表成功，教师要做的就是监督数数。这项活动说明任何事情量变一定会产生质变，读书也一样。七分靠努力，三分靠天赋。

3. 无敌风火轮

团队竞争，起点到终点距离共 7 ~ 15 米，人当车轮，道具为履带。手不能接触道具范围外的地面，犯规要罚停 5 秒钟，统一指挥，有个优秀的领头人。这项活动主要训练孩子的竞争能力，这个竞争不是传统的拼比竞争，而是个人追求卓越。追求卓越是人类生存的最基本的要素，让孩子未来对自己有一个严格的标准，对做事情有一个正确的理解和把握。引导孩子走向正途，帮助孩子树立一个正确的人生观。

这些活动重点强调了团队的重要性，有些事情，一个人做得再好也没有用，在团队中找到自己的位置，个人的优势可以发挥，劣势可以得到弥补，勤能补拙，你会发现练习得越多成功率就越高。问题总能出现在一两个人的身上，参照木桶原理，说明在很多时候不是要突出个人所长，而是要补齐短板，这才是至关重要的。

所以在教学过程中就要引导学生们做到：

全心投入：要求学生们全情投入才能获得最大价值。

挑战自我：拓展训练的项目都具有一定的难度，表现在心理素质的考验上，需要学生向自己的能力极限挑战，跨越"心理极限"。

熔炼团队：体验团队的伟大力量，增强团队成员的责任心与参与意识，树立相互配合、相互支持的团队精神和群体合作意识。

自我教育：作为教师在教学上只需要在训练前把课程的内容、目的、要求以及必要的安全注意事项向学生们讲清楚，其他的需要个体和团队理解与反复摸索练习，从中悟出道理。

通过拓展训练，学生们在认识自身潜能方面、增强自信心方面、克服心理惰性方面、磨炼战胜困难的毅力方面、启发想象力与创造力方面、解决问题的能力方面、对集体活动的参与意识与责任心方面以及改善人际关系、学会关心、学会合作等方面均有了不同程度的提高。知识和技能都是有形的资本，而意志和精神则是无形的力量。在实际生活和学习中，动手能力和意志的坚定往往比书本知识更为有效和实用，我想这才是拓展训练的真正意义。

当代中小学生，比以前的学生有了更好的生活条件，但缺少了辛勤劳动的机会；有了更多了解社会的渠道，但缺少了生活的直接体验。有的学生不知道珍惜别人的劳动成果，不能体会各行各业的艰辛与不易，因此，他们会表现得缺少感恩心和责任心，也不懂得如何去为了社会和自己努力奋斗。"职业体验"活动的目的，正是让学生从课本中走出来，获得最直接的生活体验，在内心深处受到感动与震撼。

我们所开展的拓展训练，对小学生和初中生而言，在团队意识和合作精神方面，取得了实实在在的收获，这是传统文化课和体育课上都很难完整实现的。学生通过亲身体验让自己更进一步地了解社会，在实践中增长见识，锻炼自己的才干，培养自己的韧性，磨砺自己的傲气，通过体验，找出自己的不足和差距所在。

拓展体验项目是个全方位的活动，寓教育于活动之中，现代社会独生子女多，正需要这样的活动增强孩子们的合作意识和团队精神。当然，课程设计中也存在对年龄针对性的不足。如何让不同年龄的学生更加深刻体验到课程设计的目的和宗旨，达到通过参加体验完善自我、促进身心和谐发展的终极目标，是我们接下来要深入研究和实践的一个课题。

综合实践活动课程是我国新一轮基础教育课程改革的一个生长点，而实践体验是综合实践课程的重要内容。这是学生参与校内外实践活动、获得直接经验、发展实践能力、增强社会责任感的基本手段，是学生参与社会生活、理解社会的重要途径，是教育为社会服务的重要体现和实现方式。在新的教育理念下，对学生，我们需要改变学习方式，拓展学习资源，拓宽发展空间，鼓励学生参与社会实践，激发学习兴趣，增进生存体验，形成服务意识，主动服务社区，强化社会责任。

养生进课堂，职业体验铸就学生成长

李 丽

本学期参加中医药体验课程，在此过程中，作为辅助教师，我深有感触。

一、使中医药健康知识、养生知识得到普及

马老师针对不同年龄段选取不同课程。对小学低年级学生教授了养生保健知识并介绍了《黄帝内经》中的上古天真论"上古之人，其知道者，法于阴阳，和于术数，食饮有节，起居有常，不妄作劳，故能形与神俱，而尽终其天年。度百岁乃去"。上古时代的人，都知道养生保健的道理，所以能效法于阴阳之道，并采用各种养生方法来保养身体，饮食有节制，作息有常规，不轻易使身心扰乱，因而能够使形体和精神协调，活到自然的寿数。中医药专家曲黎敏、徐文兵都曾讲过《黄帝内经》。电视台播放的各种养生保健节目，都对成年人如何保证身体健康，提高生活质量方面起了重要的指导作用。

现实生活中，我们在20世纪70年代从未听说过的糖尿病、高血压、心脑血管疾病、肾病等病症的病人频频出现在各大医院。针对这种情况，我们的中医养生知识，为何不从娃娃抓起。在课堂上，我们完全可以教给学生：推拿、按摩、拉筋、拍打、艾灸、站桩、八段锦、太极拳等养生知识及锻炼身体的方法。以八段锦为例，它是一套独立而完整的健身功法，历史悠久，流传广泛，深受人民喜爱，据说是岳飞与梁世昌所创。早在北宋时已有记载，至今已有800余年历史。八段锦滋阴助阳、培元补气、疏通经络、活血生津。长期锻炼可使人强身健体、聪耳明目、延年益寿。用

61

现代科学医术分析，就是活动全身关节、肌肉、调节精神紧张、改善新陈代谢、增强心肺功能、促进血液循环，从而提高人体各个生理机能。事实表明，参与有规律的锻炼会使人身体棒、感觉爽，精力充沛地完成各项工作和任务。在很大程度上改变了亚健康状态，避免了由于各种疾病带来的痛苦。养生知识进入课堂使学生们潜移默化地从小接受健康知识，主动自觉地参加各种运动。

中医药典籍及养生保健知识是我国的一门国粹，凝聚着深邃的哲学智慧和中华民族几千年的健康养生理念及其实践经验。

因此，我校开发的中医养生保健知识对培养学生对中医药的认同感，及确立、发扬中国情怀和文化自信的作用毋庸置疑。如果养生保健知识提高了，学生们就会自觉做到不熬夜、不酗酒、不抽烟、不喝可乐以及不食用生冷食品。同学们也会积极锻炼身体，降低患病人员人数的增加。

我认为，可以为学生普及养生知识并定期开设养生课堂，形成系列。中医养生保健是中医的精华，是一种自然疗法、物理疗法，有很强的可操作性，适用于每一个人，既可保健强身，也可以防病治病。中医保健讲究生活规律，注重调养，对学生形成良好的生活习惯也大有裨益。如果掌握了相关保健知识，可以帮学生们缓解疲劳，保证学生充沛的精力，提高学生的学习效率。学生把健康保健知识传递回家，就有一个健康的家庭。有了健康的家庭，就能成就健康中国。

二、职业体验成就学生个人成长，适宜提早进行职业规划

在我校进行职业体验的高年级同学，对中药房戥秤刻度有了基本认识，并体验了其使用方法，体验了抓中药的方法。学生们兴高采烈，忙得不亦乐乎，表示非常感兴趣，愿意继续学习，有些同学有了想当中医大夫去治病救人的想法。因此，我认为职业规划应从孩子做起。小学阶段一般为 6～12 岁，是人生极为重要的阶段，不仅古话说"三岁看大，七岁看老"，而且许多事情都要"从娃娃抓起"，职业规划也是如此。因为小学阶段的学生年龄小，意志品质、兴趣爱好都在不断地发展变化，因此，职业体验为学生未来职业的选择起到了引领作用。在学生成长中，职业规划起

到了重要作用。作为家长、教师，我们应该有提前规划意识，因此要做到：

（一）先了解孩子的兴趣取向，再规划职业内容

了解才不盲目。作为教师的我们及孩子的家长要明白，只有让孩子们对各行各业进行了解才有可能让孩子确定喜欢的行业，也才能谈及规划，才能有益于孩子今后的发展和对职业的热爱，否则都是空谈。

（二）耳濡目染，参与家长职业实践并做规划

引导孩子进行职业规划，首先应从认识家庭成员的职业开始。教师要引导家长把孩子当作一个平等的家庭成员，向孩子宣讲在职业生涯中成功的经验、失败的教训等。从家庭成员的职业经历中慢慢发现自己的职业兴趣。

（三）把握孩童天性好奇的时机，走进大自然培养兴趣爱好

在孩子的眼中，大自然是他们无限乐趣的源泉。学生好奇好动，生来酷爱大自然。他们喜欢采野花、玩水、玩沙、捡石子、堆雪人、打雪仗。因此教师和家长要利用学生这一天性，在学校尽可能多地带领他们搞一些小种植、培土、插花、捡花瓣、编草帽的活动。比如，在春天教学生扎风筝，一块儿到野外放风筝；夏天教学生玩打水仗的游戏；秋天一块到野外捡落叶，进行树叶粘贴；冬天则可让学生冻冰花、堆雪人。还可以带领孩子爬山郊游，让孩子观察春夏秋冬自然景色的变化；和孩子一起种植花草树木，了解植物生长过程；养些小动物，让孩子观察它们的习性动态。充分利用大自然，享受大自然，一年四季都可进行锻炼。古人的"童孙未解供耕织，也傍桑阴学种瓜"的诗句正是对儿童在接触大自然时一些活动的写照。

（四）给孩子创设一切机会，在劳动生活中培养动手能力

在学习戥秤称药的体验中，参加的学生们亲自动手实践，认识了戥秤的刻度，学习了称药方法。学到了课堂上学不到的知识，培养了孩子的动手能力。因此，我认为对孩子的职业认知，要用恰当的方法，循序渐进，遵循原则——比如说，对于幼童应教育他们自己的事情自己做，从而培养他们的生活能力——能自己整理玩具、自己叠被子穿衣服，鼓励他们自己洗袜子与手绢。俗话说：授人以鱼，不如授人以渔。知识的记忆是短暂的，动手实践才是长远的，能使孩子受益一生。培养孩子的动手能力应贯穿其人生成长全过程，这需要我们广大教师、家长达成共识，共同努力，并保持想法和步调的一致，多给孩子提供学习实践、锻炼的机会。

做好准备　重新上路

甄　荣

随着国家政策的不断调整，中职教育的起起落落，中职学校又走到一个十字路口，在新的形势下，转型是一种迫在眉睫的选择，正所谓变则通。我校领导高瞻远瞩，顺应变化，用敏锐的眼光，捕捉到从学历教育向职业体验课转变的方向，带领全校教师不断开发新课程，满怀激情地向职业体验中心转型。我校的职业体验课正在蓬勃发展。

时光荏苒，自从师范学校毕业，在讲台上一站就是 20 年，这 20 年始终作为一名中学政治课教师，站在教育第一线。而且大学里所学专业就是政治教育。虽然当初做一名政治教师并不是自己的初衷，但 20 年，多少个日日夜夜，终日站在三尺讲台上，头顶政治教师的称谓，在 20 年后的今天，似乎就要发生变化了。些许无奈，些许留恋，还有些许新的期待，其中滋味五味杂陈，相信每一个和我一样的同事们都有相同的感受。

一、对转型工作的认识体会

（一）观念的转变是做好工作的基础

虽然带着对 20 年政治教师的些许留恋，但想到要顺应变化，不断尝试新事物，很多事情就能很快放下，并能积极投入到新的角色。20 年的政治教师生涯，也许已经太久，多尝试新的角色，也是丰富人生经历，何乐而不为。做好观念的转变，这是我接到学历课只有 4 课时授课任务通知时，首先想到的。正是由于及时转变观念，才能使我很快接受体验课助教的角色，积极配合主讲教师，上好每一次体验课。由于来体验的学生，年龄较小，在每一次课上，我仔细观察每一个孩子的情况，做得好的及时表扬，做得稍差些的，也会给予鼓励，让每一个来体验的孩子都能愉快地完成任务，有所收获。

（二）不断学习是做好工作的条件

这学期助教的课程是茶艺，对于我这个学政治教育出身的教师来说，这是一门全新的课程，我积极向主讲教师请教，并自己动手体验，尽可能地学习相关知识和技巧，并在平时生活中，有意识地多留意与之相关的知识文化，让自己多去感受传统文化的气息，这对提高自己的品位情操有很大帮助。做了20年的高中教师，接触的都是十七八岁的孩子，但现在来体验的孩子多半都是小学生，理解能力相对较弱，所以和他们交流时，也是需要学习的，比如放慢语速，态度和蔼亲切，重要的事情说三遍等，交流的对象变了，就要及时改变交流的方法。

（三）寻找乐趣是做好工作不竭的动力

人们常说"兴趣是最好的老师"，只有热爱，才能产生不竭的动力。在从政治教师向体验课教师的转变过程中，我也在培养着自己对这门课程的兴趣。其实这门课程是传授中国传统文化，修身养性，陶冶情操，培养孩子对美好事物的感受，并带着一颗热爱生活的心去发现生活中的美，这是一件多么美好的事情。认识到这点，我也慢慢喜欢上这门课程，每当走进那间古香古色、充满传统文化气息的教室，看到孩子们用一颗热爱生活的心去体验茶文化，去进行茶艺表演时，都会是一种享受。

通过体验课程的工作，我感到非常愉快，这门课让我感受到美，也使我更加热爱生活，这也促进自己用一颗热爱生活的心去感染学生，把美的东西带给学生，学会生活才能更好地工作，生活和工作息息相关。

二、对茶艺课的认识体会

（一）茶文化有助于清醒地看待自己，正确地对待他人

学生时期正处于世界观、人生观和价值观形成的关键时期，确立什么样的理想信念，对他们一生走什么样的路、做什么样的人都有着重要的影响。学生通过对茶文化课程的学习及通过对茶德思想的领悟，可自省，可审己，而只有清醒地看待自己，才能正确地对待他人。

（二）茶文化有助于内省自律，自我完善

茶文化的本质，是要从茶中得到感悟，并可与人的追求相联系，这种相关性与茶联系，使得人们从细致入微的感官去感受、感悟、体验，甚至去寻思一些尚未认识的东西，有助于学生在自我认识中有进一步发现并实现自我超越，能通过接受茶文化的教育感受人生智慧的启迪，这自然也是素质教育的主要目的。茶本质的生成与人的成长极其相似，茶文化也因此可与人生的本质相联系，引导人们感受茶中所能引发的思考，从茶中得到启发去为实现他们的目标而努力。这应该是茶文化课的重要所在。

（三）茶文化有利于丰富知识、感受传统文化

茶文化根植于华夏文化，其体系渗透了古代哲学、美学、伦理学、文学及文化艺术学等理论，并融入了儒、道、佛各家的思想和传统文化的精髓。同时，饮茶又是美育、陶冶情操、修身养性的过程。弘扬茶文化可以增长知识，提高学生的文化修养和审美能力。如内容丰富的各式茶艺、茶道都容纳了礼仪、道德、科学与艺术的内容，欣赏茶歌、茶舞和茶音乐，可提高欣赏美和创造美的能力；茶与一定的历史文化相融合，涉及生活的方方面面，上至社会的规章制度与法令，下至各种风俗、风气与习惯以及以茶为内容所产生的各种茶诗、茶楹联和茶画都能拓展学生的视野，增加他们的人文知识，使他们感受中华传统文化的魅力。

三、发现的问题及对策

（一）授课对象多为小学生，他们活泼好动，自控力弱，要反复叮嘱

带领学生进入教室的过程看似简单，其实也需要助教耐心细致的组织。要组织学生站好队，点好人数，嘱咐学生要走不要跑，因为学生年龄小，不是同一班级的学生体验同一项目，互相之间不太熟悉，助教就更要有很强的责任心，把每一个孩子安全带入教室，安排好座位，静下心来准备上课。看似简单的工作，在和学生接触过程中，由于学生年龄小，活泼好动，不习惯走而习惯跑，容易造成危险，因此对他们要提要求，要反复嘱咐，要有耐心。

（二）学生年龄小，理解能力弱，要反复解释

学生年龄小，理解能力弱，在提要求、讲事情时，语速要放慢，要多重复，讲话句子尽量不要太长，要反复解释，以便于学生理解。

学生是来体验的，不是在本校上文化课，在心理上就会放松，容易出现纪律问题，孩子年龄小，好动坐不住，茶艺室物品多，又多是易碎品，还有热水瓶，有很多潜在危险，学生并不是自己学校的孩子，我们也不是班主任，话说深了影响孩子情绪，从而影响讲课，说浅了孩子不听钻空子，容易发生危险，我们体验课教师就要细心揣摩，拿捏好分寸，讲究说话的艺术，既要让孩子能听，又要让孩子爱听。

转型工作任重道远，不管上哪一门体验课，都需要付出颇多辛劳，生活还要继续，观念要及时转变，调整好心态，带着一颗热爱生活的心去工作，撸起袖子，加油干，相信我们的转型工作定会迎来明媚的春天！

职业体验课程感悟

吴旭文

为响应东城区"为中小学生提供艺术、科技、职业体验课程，推动职业教育转型发展"的号召，我校从 2015 年上半年开始，就努力适应新形势，依托学校专业建设、实训场地和专业师资，开发并实施职业体验项目，为中小学生及社区市民服务。到目前为止，我校已有 50 门职业体验课程，全部免费开放。现在，北京现代职业学校已成为东城区"学院制"课程体系中为中小学生提供职业体验课程不可或缺的一员。

在过去的近两年时间里，我校教师共同努力，共同开发职业体验的资源，精心选择、有序推进职业体验项目的开展。职业体验活动吸引了大量的学生、家长走进职业教育。部分职业体验项目的报名甚至"一票难求"。很多家长表示："这是一个非常好的活动形式，学生学到很多课本以外的有用知识，我们家长和孩子非常希望教育部门能长期安排这样的活动。"

我校师生能力素质在活动中得到了提升。体验活动的工作人员都是来自我校的教师和学生志愿者，他们利用自己所学的专业知识，为活动设计出谋划策，为学生和家长进行讲解，既增加了职业认同感，又极大地增强了自信心。承担项目的广大教师，在项目设计、资源开发的过程中进一步了解专业前沿和社会热点，并转化为具体体验项目，很好地提升了教学设计能力。

参加我校的职业体验，孩子们进入的是一处特别的学习课堂，可以模拟职业情境，学习职业技能。我们旨在培养孩子们的艺术感知，熏陶孩子们的文化素养，激发孩子们的探索精神，以促进孩子们的全面发展。

在职业体验活动中，我先后担任了"小小物流员""小小收银员"

"照片 DIY""金牌小柜员""现代企业经营实战模拟""金牌小客服""绳艺"等课程的助教工作。我需要协助主讲教师组织学生，管理学生，以保证每名学生通过体验而获得意想不到的收获。来参加体验的中小学生大多数对所体验的课程充满了兴趣和好奇，因为这些课程是他们之前从未体验过的。在"显微镜下的世界"课上，孩子们不仅知道了血液的成分，以及日常生活中有关血液的常识，还学会了使用显微镜，看到了微观世界下的血细胞。在"小小收银员"课中，教师们手把手地教大家如何清点钱币，如何验钞，既锻炼手指的灵活性又增加常识。在"照片 DIY"课上，孩子们在教师的指导下，学习平面设计知识，从图形到色彩到尺寸，自己动手制作并打印证件照，真正提升了动手操作的能力。职业体验课是在体验中学习新知，在活动中收获喜悦，在合作中健康成长。在教师的指导下，同学们在不同职业体验项目中扮演不同行业、不同职业、不同岗位的角色，在实践中学习，在体验中收获，真正体会到了动手的乐趣，体会到了"职业"所带来的成就和快乐！

我校的职业体验课程还融入传统文化元素，吸引了学生们踊跃体验。职业体验活动，可以让同学们走近职场环境，近距离感受职场文化与民间传统文化，增强对职场的认知，树立正确的劳动价值观，从中收获幸福与快乐。如我校中西医、计算机、金融等专业的教师开设的职业体验课程就深受学生和家长的好评。

精心设计体验项目，充分展示职教成果。充分利用我校开放实训中心先进的设施设备、具有行业企业背景的特色专业、专业领衔的教师和优秀毕业生等资源，针对不同学段学生精心设计活动项目，为广大中小学生提供一个多元互动的学习平台。教师们和蔼可亲，教授很传神，实训室真实还原了各个职业的工作场景，短短的体验时间总是能抓住岗位精髓，深入浅出，可谓理趣结合，情景交融。

学生可以在不同的职业体验活动中感受不同的职业。职业体验活动成为中小学生综合素质评价的重要组成部分。职业体验课体现了知识性、趣味性，结合各学科知识，增加了生活常识，体现了安全性、互动性、体验性，提高了学生动手能力，让学生在体验中学到了知识、学到了技能。

前期，学校通过跟中小学校面对面沟通，并且利用微信、微博、校园网等途径，宣传职业体验课程开展情况的相关课程与活动信息，各中小学自行到校体验课程。本学期，学校开启了职业体验的新模式。校领导表示：对于有些比较远的学校，学校将采取送课到校的方式，来解决中小学的困难。目前，我校面向中小学的职业体验工作呈现逐步发展的态势，我校教师正在努力，进一步提升职业体验课程的科学性，凸显职业体验课程的基础性、拓展性和职业性，让中小学生、区内教师、广大市民从职业学校体验到实实在在的获得感。

我是一名公共基础课教师，前期在职业体验活动中，主要担任助教工作。助教工作听起来简单，要做好也不是那么容易，它需要熟悉并掌握体验课的内容和流程，全力协助主讲教师，帮助每一名到我校体验的学生都有所收获，让学生都能感到不虚此行。如今，我校教师重新组合，形成了金融财经、信息技术、应急自救、文化传承、工艺制作、创意制作、科技生活 7 个团队。我也成了新的团队——信息技术职业体验开发团队的一员，我不仅做助教，更要努力成为一名主讲教师，勤奋学习，积极研发，发挥我的优势和特长，与组员一起开发更多、更精彩、更有特色的课程，在所属团队中贡献自己的力量，为学生职业素养的提高竭诚服务，为学生的全面发展助力添彩！

职业体验课程教学策略

黄海燕

　　"血液"是医学职业中非常常见的职业内容和接触物质，对于小学高年级学生而言，这是陌生而又新鲜的。可以这样说，血液对于每个孩子来说既熟悉又陌生。说到熟悉，是因为每个孩子几乎都有流血、抽血和验血的经历，对血液的颜色等有一些感性的认识，还可以从报纸、杂志、电视和广播中获取到有关血液的信息。说到对血液陌生，是因为孩子们大都不知道血液里到底含有哪些成分，以及每种成分各有什么功能。而职业体验，着重在于"体验"二字，所以，在教师的引导下，让学生自己去学习，自己去发现，才能真正做到"体验"，教与学的真谛才能真正体现出来。

　　在"血液的奥秘"这一职业体验课程中，作为教师，我主要不是在讲，而是在引导学生；学生也不是在听，而是在进行观察、分析、讨论和实际操作，感受职业的特点。经过一年多的实践和摸索，得出以下设计思路和体会。

一、"启发式"教学使学生真正融入其中

　　首先从生活中的经验导入新课，引起学生的好奇心及兴趣。通过学生对血液认识的讲述，让学生参与到教学中来，调动学生的积极性。接着，出示加入抗凝剂的血液图片，让学生观察现象，启发并引导学生概括血液的各组成成分。然后让学生观看"红细胞的一生"这一短片，用最直接的视觉冲击启发学生，使学生了解血液中数量最多的细胞的重要作用，并快速融入我们的体验课程中来。

二、"体验式"教学激发学生兴趣

在第一单元的体验课教学中，学生用显微镜观察人血的永久涂片，让学生从整体上感知血细胞中红细胞、白细胞及血小板的形态结构和功能。在观察过程中，教师指导学生掌握显微镜的使用方法和注意事项，及时纠正学生在操作过程中出现的操作错误，使每一名学生都能体会到医学检验工作者的工作职责和工作流程，体验医学工作者所需要的专心、细心和耐心，对学生进行情感态度价值观的教育。然后，与生活实际相联系，让学生讨论红细胞、白细胞、血小板的有关知识，例如贫血时怎么办、缺氧时怎么办、受伤时的脓液是什么等问题，体现了知识服务于生活的目的。

在第二单元的体验课教学中，主要介绍人类的 ABO 血型系统，系统地讲授并观看视频后，感兴趣的学生可以参与测定自己的血型，用最亲身的感受去体验检测血型的流程，体验医学检验工作者工作的重复性与系统性，并最直接地鉴定自己的血型。

在第三单元的体验课教学引入血液循环的概念，利用血液循环过程中的气体交换引入动脉血和静脉血、动脉和静脉的概念，还有利用体检时体检表引入心率、脉搏和血压的概念。同时每一名学生体验测量自己的血压，孩子们穿上白大衣，戴上血压计，认真听诊，认真记录，体验医务工作者的神圣职责和认真态度。整个体验过程层层深入，环环相扣，孩子们沉浸其中，兴趣高涨。

三、层层深入，将血液知识由浅至深渗透

经过前三个单元的体验后，新问题的提出引领着孩子们步入更高层次的思考："滴血认亲科学吗？"孩子们经过激烈的讨论并观看"滴血认亲"的视频，使得职业体验课程的知识得到进一步的升华。层层深入，引出血型遗传的知识，通过视频、图片和讲解得出正确的结论：滴血认亲不科学！由浅至深，孩子们通过血型遗传知识可以确定自己父母可能的血型，由此，将血液的知识层层渗透，使体验课程得到升华。

四、对今后课程的思考

（一）模拟教学

模拟教学法，是指在教师指导下，学生模拟扮演某一角色进行技能训练的一种教学方法。模拟教学能在很大程度上弥补客观条件的不足，为学员提供近似真实的训练环境，提高学员职业技能。模拟教学法特有的互动性、趣味性、竞争性特点，能够最大限度地调动各学员的学习兴趣，使学员在培训中处于高度兴奋状态，充分运用听、说、学、做、改等一系列学习手段，开启一切可以调动的感官功能，对所学内容形成深度记忆，并能够将学到的管理思路和方法在实际工作中很快实践与运用。在模拟教学中学生得到的不再是空洞乏味的概念、理论，而是极其宝贵的实践经验和深层次的领会与感悟。在今后的体验课程教学过程中，可以充分利用模拟教学方法，使学生融入医生与患者的角色中，既学习知识，又掌握技能，同时可以大大提高学生的兴趣。

（二）项目教学

项目教学法是一种以学生为中心的教学方法，通过先实践操作再讲解的方式，使学生在实践操作过程中不断解决问题。学生在进行显微镜操作过程中，在掌握基本操作方法后，在教师的指导下独立或小组合作完成一项操作技术，独立或合作处理在实践过程中碰到的问题，提高学生的学习兴趣和学习的主动性。

（三）模块教学

体验过程中可以将课程分为显微镜模块、血型鉴定模块、血压测定模块等，对每一个模块进行专业技能训练，促使学生尽快掌握医学专业技能。通过学生亲自动手、学生互评、教师点评的方式，让学生的动手能力得到提升。

著名的美国教育心理学家波斯纳提出了一个人的成长公式：成长 = 经验 + 反思。反思是对自己的思想和行为进行检验和再认识的过程。通过反思，转变教学行为，提升专业化水平，反思是对自己的思想和行为进行检验和再认识的过程，面对需要探究的问题，教师和学生都会产生形形色色的问题，萌发各种各样的假设。在探究遇到问题时，需要及时反思，以便及时调整方法；在探究顺利时，更需要对探究过程再审视、再探索。因此，从感性到理性，反思在其间正是充当了重要的桥梁角色。

职业体验作为一种新的教学模式、新的课程理念，需要逐步被教师内化，并成为支撑教师实践的框架，新的"教学景观"也需要不断出现在我们的课堂上。因此，反思这一环节也成为一道亮丽的风景线，引领着我们的职业体验课程登上一个新的高度。

发掘传统文化精髓　引领职业体验课程

孙　芳

　　文化是民族的精神命脉和创造源泉，教育是一个民族最根本的事业，决定着国家未来，影响着民族复兴。青少年是未来实现中国梦的主力军，为此，结合中小学正在开展的中华优秀传统文化教育，我们开发了"一根红绳结文化"体验项目，对提高青少年学生的文明素养、培养其高尚品格具有积极意义。

　　中国绳结艺术历史悠久，它已成为中华民族传统文化艺术中的典型符号，它编织了中华民族对美好生活的向往和期盼吉祥的千年情结；它以绚丽多姿的艺术造型和色彩搭配，以及以小见大、以形表意的手工技艺来传达深远的民族历史文化意蕴。

　　一根细细的红绳，带着神奇的魔力，一头是孩子们的巧巧小手，另一头是中华民族悠久的历史，而我们，就是这中间的牵线人。在课程中，我们以中国结艺的传统文化内涵为主体，以中国结的编织为载体。这是一门传承民间手工艺文化的课程，为了让课程不局限于手工制作，我赋予了它更多的文化内涵。

一、确定目标，凸显文化内涵

　　教学目标是教学的出发点和归宿，是教师对学生达到的学习成果或最终行为的明确阐述。一切教学活动都是围绕教学目标来进行和展开的。就其本身而言，它具备支配教学实践活动的内在规定性，起着支配和指导教学过程的作用，也是教师进行课堂教学设计的基本依据。教学目标的分析与确定是教学设计的起点，它首先确定教学对学生学习内容所达水平程度的期望，使教学有明确的方向；其次它给教学任务完成提供了测量和评价的标准。因此，教学目标是教学的基本前提。

本课程以一根红绳贯穿历史单元开始，确定其与文化息息相关的教学目标。紧紧围绕"文化"这一根红绳，我先让学生们畅谈中国的传统节日，进而引出最有中国特色的节日——春节。通过对春节的系统介绍，激发学生对中国红，甚至中国结的兴趣，以培养其民族自豪感。

为了更好地理解中国结中所蕴含的文化内涵，我为学生系统介绍了中国结的起源——结绳记事（见图1）。

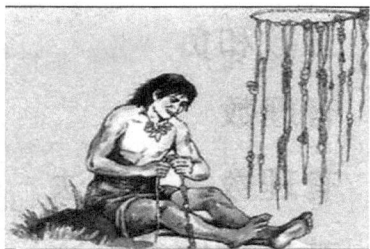

图1　结绳记事

图2　结绳在文字中的痕迹

中国结是中国特有的民间手工编结装饰品，始于上古先民的结绳记事。据《易·系辞下》载："上古结绳而治，后世圣人易之以书目契。"（见图2）东汉郑玄在《周易注》中道："结绳为约，事大，大结其绳；事小，小结其绳。"

它作为一种装饰艺术始于唐宋时期。到了明清时期，人们开始给结命名，为它赋予了丰富的内涵，如：如意结代表吉祥如意；双鱼结代表吉庆有余等，结艺在那时达到鼎盛。

在图腾也能用红绳编单元，我将图腾文化引入了教学，介绍图腾的含义，让学生了解中华民族对龙凤的崇拜在中国历史上是一种绵延了数千年的特殊现象。龙凤文化作为一种文化现象渗透到中国社会的方方面面，成为一种文化的凝聚和沉淀。龙和凤的形象还被赋予积极的意义，泛化出一系列代表中华文化的精神，成了中华民族的象征。它们从两种不同的方面展现出中华文化的精神，龙代表中华民族刚毅、进取、不屈的一面，凤则代表中华民族仁慈、宽厚、智慧的一面。将龙凤文化引入结绳教学中，一方面激发学生对结绳的兴趣，另一方面，更是将文化渗透进了课程之中。

我利用语文教师的优势，在教学中适时引入古诗词，如在导入部分，和学生一起吟诵"一根红丝线，交错结龙凤。心似双丝网，中有千千结""千门万户曈曈日，总把新桃换旧符"，类似的佳句为课堂营造出诗意盎然的氛围。

二、直观教学，多方激发学习兴趣

随着信息化教学的不断发展，越来越多的信息技术手段被运用到教学过程之中，传统的"讲授式"教学不能适应职业体验课堂的要求，按新课改教学理念，要重点培养学生学习的愿望、兴趣和方法，使他们能够全面、自主、有个性地发展，从而更加适应社会发展的需要。

职业体验课程面向的是义务教育阶段的中小学生，跟我们学历教育的教学对象有很大的区别，这就要求授课中要及时调整教学方式方法。为此，我在开发过程中，一方面用直观形象的图片、影像资料多方调动学生的学习兴趣，另一方面，设计了一系列学生乐于参与的小游戏、小故事，让学生爱上红绳编结的课堂。

在介绍结绳起源的环节中，我先创设部落首领结绳记事的情境（见图3），然后出示题目，让学生尝试用结绳的方式进行记事。

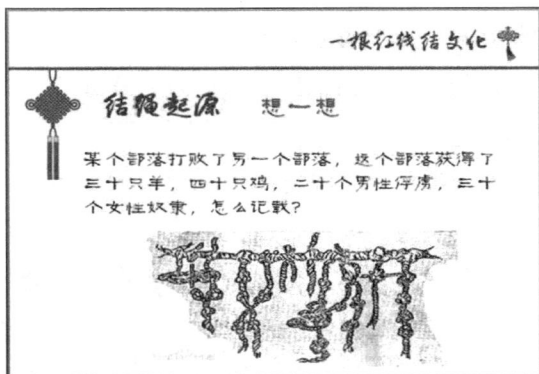

图3　关于结绳的题目

小学生动手能力参差不齐，部分学生双手协调能力较弱，为了帮助他们顺利完成作品，我将结绳步骤用图像分解出示，并拍摄直观视频反复播放。

三、贴近学生，教学语言活泼生动

课堂教学语言表达是教学艺术的一个基本且重要的组成部分。教师向学生传道、授业、解惑以及师生之间信息的传递和情感的交流，都离不开运用教学语言这一有力的工具。正如著名教育学家夸美纽斯所说："教师的嘴，就是一个源泉，从那里可以发出知识的溪流。"

职业体验课堂需要教师更加贴近学生，根据小学生好奇活泼、善于模仿的特点，在课堂教学中，根据教学内容，通过认真思考、精心设计对不同的内容创设不同情景进行教学，采取学生易于理解的词句进行沟通。比如在讲授吉祥结的编制过程时，第二步是在编完第一个十字结后再编一个，学生普遍出现的问题是将正反弄混。针对这种情况，我巧妙地将结的两面按学生熟悉的"田字格"和"小括号"进行区分，这样学生就很容易分辨出正反面，从而顺利地完成了作品。

在体验过程中，部分孩子会因为各种原因不能完成作品而产生急躁情绪，这时教师的语言艺术就显得尤为重要。此时需要信任的语气："别急，静下心来，再跟我一起试一次，我相信你一定能够完成！"赞赏的语气："你做得真棒！大家来欣赏一下我们同学的作品！"鼓励的语气："这一步确实是难点，没关系，咱们反复看两遍，老师给你打下手。"……营造了轻松和谐的课堂气氛以后，教学也就更加容易开展。

四、科学评价，有效调动参与意识

评价是教学中必不可少的一个环节，在职业体验的课堂上，这一环节显得尤为重要。

在评价过程中我采用自评、互评和师评相结合的方式，按照作品完成的速度、质量和创意等标准进行评价，鼓励小组间的互助合作，帮助学生培养团队意识和合作精神（见图4），将学生们完成的作品进行展示、评比

（见图5），有效调动学生的学习热情。

图4　小组共同完成任务

图5　学生优秀作品展示

五、鼓励创新，教无定法，学无定式

鼓励学生在掌握基本绳结编制方法的基础上进行创新，编制出个性化的作品并进行说明、展示，赋予自己的作品以内涵、名称。在这一过程中，激发学生对中国传统技艺文化的认同和传承意识，培养高雅的审美情趣。

六、反思巩固，在探索中成长提高

在授课过程中，我根据课堂上出现的新情况、新问题及时分析，调整教学策略。从文化课教师向体验课教师的转型是一个循序渐进的过程，其中遇到了一些困惑和问题，如课堂中"讲"与"做"如何更好地结合，如何更科学地划分二者的比例，不同基础的学生，水平参差不齐，如何让每一位学生都能有效参与到体验之中，如何调动学生的创作热情等问题，都是今后实践中亟须解决的问题。

路漫漫，其修远兮，在职业体验课程的长路上，吾将上下而求索。

在探索中前进

——照片 DIY 职业体验课程

李晓娟

在我国现行教育体系下，学生从小到大，向来只注重学业和考试成绩，而整体综合素质和职业技能都容易被忽视，从而使受教育者没有明确的职业发展目标。这与职业规划教育的缺失不无关系。如果从小学就开始考虑未来职业问题，无疑有利于受教育者极早就确定具体目标和开展针对性的学习。

作为一名职业学校的计算机教师，我们面临着工作的转型。为了更好地服务于青少年，使他们对计算机方面的职业有所了解，我开设照片 DIY 职业体验课程。体验课对于我们计算机教师来说是一个全新的课题。由教有一定基础的高中生转为教毫无基础的小学生，从教岗位专业课转为教职业体验课，其中存在较大差异，这就要求我们从教学理念、教学内容、教学方法上都要进行极大的转变。要以体验为途径与方式，使学生通过实践来认识职业、了解职业，实现对学生的职业启蒙教育。

一、认真分析学生特点

我现在接触到的基本都是小学四、五年级的孩子，他们有以下几方面的特点。

职业认知方面：小学四、五年级的孩子，对各类职业岗位了解的范围有限，但是他们好奇心强，喜欢了解体验各种新的未知岗位，如果能让他们亲身体验，这无疑对他们将来的职业生涯规划有着一定的指导意义。

知识能力方面：随着生活水平的提高，部分孩子对照片处理已经有了一定的认识，有的也见到过照片处理的制作过程。在能力方面，大多数孩子对计算机的基本操作如键盘打字和使用鼠标等方面比较熟悉，但由于孩子们之前没有接触过 PS 软件，所以在软件的操作上几乎没有任何基础。

心理特点方面：这个阶段孩子的特点是好奇心、求知、求胜的欲望都比较强烈。他们的有意注意已经开始占据主导地位，所以他们可以在教师的带领下完成较复杂的操作。

二、精心设计实施课程

由于面对的是小学生，我不能再使用教高中生的教学方法了，经过学习我采用了适合小学生信息技术课的同步教学法。

照片 DIY 是在 PS 软件中完成的，操作步骤比较多，界面变化频繁，对于小学四、五年级的学生来说，PS 软件的使用属于操作性较强的新知识，所以在体验活动中我采用的是同步教学法。采用这种教学模式，我演示讲解一步，学生跟着操作一步，学生一听一看一实践就全理解了，它可以很好地化解体验过程中的重难点。

在课程的实施过程中，我采用了 4 个环节。

（一）创设情境，了解职业活动

为了引导学生快速主动参与到职业体验活动中，体验课要求教师能够生动地表现教学内容，提高学生的学习兴趣，营造出有利于学生主动学习的教学情境。因此，在课程伊始，我先向学生们简单介绍了平面设计师的一些岗位，再引出体验课的内容。通过展示同龄人的成果作品，增强他们的自信心，激发他们对体验活动的学习欲望。往往孩子们一看到实例照片都兴奋不已、跃跃欲试！

如在证件照制作这个体验内容中，我明确了证件照制作的三个步骤，照相、处理和打印。使学生对整个体验过程中的各个环节有所了解，使他们在体验中能够有的放矢。

（二）模拟体验，领悟职业要求

在这个环节中，教师引领学生学习有关的职业知识和要求，使学生了解相关的职业素质要求。

例如，在证件照制作活动中，学生们要逐一去照相，等待照相和照完的这段时间有 10 分钟左右。我利用这个时间段给孩子们安排了一个小的自主探究任务，让他们学习证件照制作的相关要求，在学习中如果遇到问题，可以与身边的同伴结成小组，共同探讨解决。为了让他们集中注意力、明确学习目标、进行过程性评价，我为学生准备了学习单，使学生在这个环节快速掌握证件照制作的相关要求。然后再通过一个"大家一起来找碴"的小环节，检查他们的学习效果并明确、巩固相关知识，为后续的体验做好铺垫。

由于孩子们没有 PS 软件操作的基础，要让他们完成一个相对较复杂的过程是一个很困难的事情。而且他们有强烈的好奇心，总想用鼠标点点这儿，选选那儿。由于 PS 软件功能强大，因此这些无序的操作很容易使照片制作流程出现混乱。在研究了小学信息技术的教学方法后，我选择了适合本体验课程的同步教学法，即教师在教师机上操作，边操作边讲解，并通过计算机的广播系统展示给学生看，学生跟着教师的操作和讲解一步一步地操作，直到完成整个操作过程。例如，在新建文件时，我边操作边讲解，然后以提问的方式提示学生注意操作的要点，之后让学生根据教师的方法操作。在学生自己操作的过程中，教师走到每一名学生那里检查他们的操作进度并加以指导，同时还要解决他们出现的各种问题。

（三）实践拓展，激发职业兴趣

学生们来自不同学校、不同年级、不同班级，即便是来自同一个班级，学生的接受能力、理解能力和动手能力也都不一样，所以在这个环节我采用了分层合作的教学方法，给学生留有发挥主体性的空间和时间。完成一寸照片制作的学生可以完成拓展内容——制作二寸照片，学生可以独自完成，也可以与身边的同伴结成小组合作完成，还可以参照教师提供的电子版学材完成，形成师生互动、生生互动的教学氛围，使学生在交流互动中提高自身能力。

（四）小结评价，分享体验感受

为了切实促进学生的发展，使每个孩子都有获得成功的机会，课程中我采用了过程性评价和成果性评价相结合的方式。首先，在体验中教师利用口头评价对学生的每一点进步都及时给予肯定，增强其学习的自信心，使其获得成功的喜悦。其次，学习单上为学生设计出了对整个学习过程的自我评价内容，对学生起到激励和反馈的作用，督促学生参与到体验活动中！再次，在体验结束后教师要对部分学生的作品进行评价，指导学生们如何判断自己的作品是否达到优秀标准，引导学生实现对职业的客观认知与理解。最后，教师组织学生进行反思，回忆体验的岗位所需要的职业能力，发现自己的优势能力及可发展空间，了解其自身对该岗位的喜爱程度，并在教师引导下填写在学习单上，同时要给学生的不同见解留有一定的空间，使评价成为一个学生发现自我，促进发展的过程。

三、总结经验反思提升

本门职业体验课程已经实施了三个学期，经过不断学习、实践、反思，我在照片 DIY 这门体验课中有了一些收获和反思。

（一）注重发挥学生主体作用，积极思考，分享交流

在体验过程中，我注重引导学生根据体验内容积极思考并分享自己的收获。例如，在讲授"裁剪"工具参数设置的时候，在我示范后，我会马上询问一句："哎？刚才老师填的参数是什么来着？"学生在回忆之后说出答案，既巩固了重难点，同时也向同伴分享了自己的学习成果。

（二）注重技能指导，更注重职业素养培养

在整个体验过程中，不仅让学生学习照片 DIY 的相关知识，使用 PS 软件体验照片制作过程，更让学生感悟到要有职业责任感，时刻把顾客的需求和满意度放在第一位。

（三）注重营造轻松愉快的体验氛围

小学四、五年级学生集中注意力的时间是 25 分钟左右，为了让他们觉得不枯燥，我注重营造轻松愉快的体验氛围，例如用幽默的语言，让孩子们享受体验的过程。

（四）引入助教的全新教学模式，全面提升体验质量

在课程起始阶段，助教负责照相工作，可以给主讲教师提供更多的时间引导学生更好地开展自主学习。在体验制作阶段，助教和主讲教师共同巡视指导学生实际操作，能够很好地解决学生无基础直接参与体验而跟不上体验进度产生畏难情绪的问题。

　　从小开始职业规划最有意义的一点，当属职业志向或目标的引导和导向作用。青少年时期是学生人生观、世界观形成的时期，也是我们的职业理想孕育的关键时期。树立正确的职业理想，形成正确的职业价值观，直接指导着人们的择业行为。所以，在今后的工作中我还要不断地学习、实践，使照片 DIY 这门体验课程更好地为中小学生服务！

传统文化绳结艺术课的魅力

任玉仙

中国绳结艺术历史悠久，它已成为中华民族传统文化艺术中的典型符号，它编织了中华民族对美好生活的向往和期盼吉祥的千年情结；它以绚丽多姿的艺术造型和色彩搭配，以及以小见大、以形表意的手工技艺来传达深远的民族历史文化意蕴。

中国绳结艺术有它的艺术性，同时也有实用价值和人文精神，是可贵的传统文化，同时也承载了新时代新的人文精神。中国绳结艺术是有着四维空间定位，逻辑推理记忆认知性很强，形象思维图形整合概念严谨的手工技术，也是错一处而动全身的工程。因此严谨不苟的教学，有益于培养人的耐心和毅力，提升大家做事的专注力，以及对追求美好艺术的执着性，需要有十分严谨的治学态度。在现代人们快节奏、浮躁的生活大环境里，这是一门能让人静下来的艺术手工，是一味平衡心理心绪的调节良药。而修身养性和内涵修养也是从这一点一滴培养起来的，它有很实际的使用价值。同时中国结也能创造很好的经济价值，造福于广大社会。

通过学习绳结艺术使学生了解有关中国结的历史起源，以及中国结的特点及作用，体会它的文化内涵和艺术魅力。使学生了解中国结艺术是中华民族的一份宝贵文化遗产，从而激发学生的爱国主义思想，在学习中树立信心、克服困难、团结协作、互相学习、良性竞争并体验成功的喜悦。

课堂上，借助多媒体音形色的强大优势有效调动学生的感官，用事先准备好的半成品进行及时直观的演示来化解难点。同时，在学习的过程中让学生采用小组学习的方式，在学习过程中进行分析讨论，在操作中质疑并进行自主探究和评价，从而有效地培养学生自主学习的意识。

一、激发兴趣，诱发动机

俗话说：好的开端是成功的一半。根据课程内容颇具观赏性和装饰性的特点，我先用多媒体课件展示结艺的样品，让学生从欣赏不同造型的绳结艺术品中感受它的观赏性和装饰性，然后用教师的循循善诱，充分调动起学生思维的积极性，把学生带入一种特定的学习情境之中，同时又为新知识的学习从心理需求到知识铺垫都做好必要的准备。

我是这样设计的：（课件演示）伴随着轻快的音乐，一件件造型独特、绚丽多彩的中国结展现在学生眼前。此时，学生肯定会被这些精美的作品吸引，在此基础上我趁势引导，"同学们，这些都是中国结，谁能谈一谈你对中国结文化的了解？"让学生各抒己见，学生回答后，我做总结：中国结年代久远，漫长的文化沉淀使得中国结渗透着中华民族特有的、纯粹的文化精髓，"结"字是一个代表力量、和谐、充满情感的字眼，无论是结合、结交、团结，还是永结同心，"结"给人的都是一种团圆、亲密、温馨的美感。那么，我们刚才看到的每一个结从头到尾都是用一根丝线编结而成的，每一个基本结又根据其形意命名。把不同的结饰互相结合在一起，或与其他具有吉祥图案的饰物搭配组合，就形成了造型独特、绚丽多彩、寓意深刻、内涵丰富的中国传统的吉祥装饰物品。请看大屏幕，如，"金玉满堂""五谷丰登""如意平安""鱼虾满仓"等（边说边演示课件）。除此之外，北京 2008 年奥运会的会徽就是一个中国结的图案造型，请看大屏幕（课件演示）。它象征五大洲的团结、协作、交流、发展，象征世界人民携手共创新世纪。在学生欣赏完之后，我及时小结：这些韵味悠长、美丽独特的中国结是我们中华民族一份宝贵的文化遗产。简单的一句话，就把所有学生的爱国热情充分激发起来了。

二、学做结合，掌握方法

我设计的是：让学生通过看视频、质疑、讨论、操作，充分参与到知识获取的全过程，培养发现问题、分析问题、解决问题以及合作交流的能力，这也是新课程改革所倡导的。

这种设计不仅使学生掌握了知识，更经历了知识的形成过程，这也是素质教育的灵魂所在！

三、及时评价，加强反馈

待学生全部完成后，我明确评比方法：先进行小组内自评、互评，然后每个小组拿出一件作品进行展览。通过学生的现场操作、评价，使他们在"做"中真正掌握绳结的制作方法，获得学习的快乐和成功的体验。

四、拓展延伸，促进迁移

在这一环节中，我准备以"拜师学艺"为主题，开展小组内以及组与组之间的交流活动，目的是使每个人都学会一种新的结绳方法。这时，又一次激起了学生的求知兴趣，又一次掀起了学习高潮，这种你教我学，一个人教一群人学的氛围，真是其乐融融。学生不但学会了一种新的结法，拓展了知识面，还感受到了集体智慧的光芒！作为教师，让每个学生都竭力迸发出智慧的火花，既照亮了自己又照亮了别人，我们又何乐而不为呢？

作为一门面向生活、面向劳动的学科——结艺，综观整节课的教学过程，我不包办不代替，只是做适时而必要的点拨或指导，课堂任务基本全由学生或独立或合作地自主完成，使学生拥有充分的学习时间、空间，真正成为课堂的主人。同时，我还有意识地创设各种教学情境，激发学生的学习积极性，发展学生的思维，培养学生的竞争、合作意识，让学生感受到学习的乐趣，获得成功的情感体验，使课堂焕发出生命的活力。

我认为教育的目的在于起到激发学生迸发开拓创新思维火花的作用。要想达到这个目的，仅靠课堂上的教学是不够的，它需要学生在课外进行大量的思考和实践活动才能完成。我想在结艺课上及课后，如果经常有意识地提出与课堂内容相关的问题，在没有限制的条件下，让他们去积极探索，开动脑筋，并运用已学过的知识与技能来解决生活中的问题，在实践探索中培养创造力，这样一来，学生探究新方法的思维闸门被进一步打开，有利于创新，也使学习兴趣得到了进一步延伸。

走进体验　感受新课堂

谢春香

　　"老师，箱子怎么放呀？""老师，物品如何打包呀？"这样的声音在我的"小小物流员"体验课上随时会出现。一上"小小物流员"体验课，学生的操作就出问题，教师就像个灭火消防员，到处灭火，东边的"火苗"还没解决，西边的"火苗"又窜出来了，一堂课下来，教师身心疲惫。杜威说过："教学绝不仅仅是一种简单的告诉，教学应该是一种过程的经历，一种体验，一种感悟。"体验要用自己的亲身经历，用自己的心灵去亲自感悟。然而在传统教学课堂中，常出现课堂是教师的课堂，而不是儿童的课堂的情况。反思之后我们不难发现，小学生的情感参与程度是他们能否沉浸课堂的关键。因此，教师有必要通过各种途径，引导小学生从形中、声中、情中去感知知识，用教师的情弦去拨动儿童的心弦，使他们用"心"去学习，促使他们的语言、情感、思维、想象等各方面的能力得到发展。基于以上的认知，我们开设了"小小物流员"这一体验课，带领小学生走进"小小物流员"体验课堂，去发现、体验新课堂给予他们的不同感悟。

一、什么是体验式教学

　　体验式教学是指在教学过程中为了达到既定的教学目标，从教学需要出发，引入、创造或创设与教学内容相适应的具体场景或氛围，以引起小学生的情感体验，帮助小学生迅速而正确地理解教学内容，促进他们的心理机能全面和谐发展的一种教学方法。

　　曾经有儿童教育专家经过多年的研究表明：人类认识世界的方式大致可以分为两种，直接经验和间接经验。与从书本上获得的间接经验相比，通过亲身参与获取的直接经验能更深刻地影响参与者对世界的认知。孩子的知识是从经验中获得的，而孩子的生活本身就是游戏。职业体验的游戏绝非简单儿戏，它是孩子认识成人世界的一面镜子。这样的游戏能让孩子学习"换位思考"，这对孩子的想象能力、观察能力、思维能力和解决问题能力都大有好处，让孩子可以在轻松愉快的气氛中学习。因此，体验式教学可以获得比传统教学更好的教学效果，特别对于"小小物流员"操作能力要求比较高的学科，体验式教学法能获得好的教学效果。

二、体验式教学法的实施

课堂教学一直提出要"贴近学生""贴近课堂"，教师不做突破，不做改变，教学效果始终是不佳的。于是，我尝试让小学生带着问题体验完成任务项目。每次我先把本堂的内容用直观简洁的文字表达出来，例如，"哪个小组的纸箱堆码最棒？""DIY条码标签"，尽量使用让小学生感觉轻松而又时尚的话语吸引他们的注意力。教师设置问题，让小学生带着解决问题的心态去尝试，就能达到更好的效果。

捷克教育家夸美纽斯在《大教学论》中写道："一切知识都是从感官开始的。"这种论述反映了教学过程中学生认识规律的一个重要方面：直观可以使抽象的知识具体化、形象化，有助于学生感性知识的形成。例如在上货品堆码这堂课时，我先将学生分组，每个小组分配一个托盘和若干标准尺寸的纸箱，设置的课堂题目是"哪个小组的纸箱堆码最棒？"明确任务后，学生分组堆箱，限时5分钟，然后以小组为单位展示各自成果并PK。在PK中，学生提出了相关的问题，如，"堆码的箱子多少个？""堆码整齐吗？""堆码稳定吗？"那么在提出这些问题时，教师就引导小学生分析怎么样堆码纸箱数量是最多的，是横向放还是纵向放？边分析边由小学生操作体验，直到堆码出最多的纸箱；可是在讨论了数量问题的同时小学生又提出一个观点：箱子数量多，也不一定是最棒的，如果倒了，货品就会损坏，于是提出了堆码稳定性问题，在师生的交流中，问题不断提出并被解决，小学生的思想火花得到了很好的迸发。小学生因为有了体验，有了直观的认识，愿意积极主动地参与到学习中来，同时在体验中为小学生提供了很多的感知对象，小学生的眼、鼻、手、耳等感觉器官得到了运用，激发了小学生灵感的产生，激发了学生的学习动力。所以体验式教学法就是充分激发学生的情感，唤起小学生学习的欲望，以达到自主学习的目的。

三、在实施体验式教学法中应注意的问题

（一）教师应把握好自己的位置

联合国教科文组织在《学会生存——教育世界的今天和明天》中明确指出："教师的职责现在已是越来越少地传递知识，而越来越多地在于激励思考；越来越多地成为顾问和一位交换意见的参考者，一位帮助发现矛盾论点而不是拿出现成真理的人。"因此，课堂应该是学生的，而教师始终处于主导地位，解答疑问的方式是师生共同商量的，问题的答案是学生在已知经验的触碰下，共同合作探讨出来的，学生在交互质疑辩证的过程中，解决产生的问题，逐渐完成知识的建构，形成正式的科学知识。

（二）学生的体验应该是轻松愉快的

科学家认为：认知活动带有体验性和人的行为效率与心理激奋水平有关。所以教师应在轻松愉快的情境或氛围中引导学生产生各种问题意识，积极发动自己的思维和想象，寻求答案。我认为体验式教学法带给小学生的理念是，思考和发现体验应成为一种快乐，而不是一种强迫或负担。

（三）师生的信任合作是体验式教学法成功的重要因素

在体验式教学过程中，既需要小学生对教师的信任，也需要教师对小学生的充分了解，教师要善于观察小学生的细微表情，从而鼓励小学生敢于发现问题，敢于提出自己的想法。小学生要在教师的鼓励下，信任教师，积极、主动、快乐地投入到学习中，两者互相信任，互相配合，才能达到体验课堂的实际效果。

巧手玩转纸艺

杨文杰　郭呈敏

"巧手玩转纸艺"是为小学中、高年级学生开发的一门民间工艺类课程，课程中渗透中华民族非物质文化。通过折纸、剪纸等艺术实践活动，使一张张普通的彩纸在孩子们的指尖上变成造型优美、异彩纷呈的艺术作品，锻炼学生的手眼协调能力，发展学生的形象思维和创造力，展现学生的个性，培养学生热爱生活的情感，感受纸艺创作带来的幸福与快乐。

一、折纸——渗透感恩教育

折纸又称"工艺折纸"，是一种用彩纸折成各种不同形状艺术品的活动。学生用纸做成精美的书签、贺年卡、花束、花瓶、花球等。折纸不仅是种艺术，还是一种锻炼方法。折纸能锻炼人体的综合协调能力，包括手、眼和大脑的协调力。比如学习折纸需要用眼睛看折叠的过程，并在看的同时思考、记住过程；在折的时候要亲自动手，其间遇到问题，还要仔细去想刚才别人是怎么折的。这样就可以使学生开动脑筋、活跃思维，从而达到手、眼、脑三位一体的综合协调。折纸还能增进学生的感情，加深彼此间的了解，使学生和睦、和谐相处。折纸是一个集体活动，因为需要向别人学习，在学习的过程中，同学们交流经验心得，感情自然会加深。学生还可以送一些纸艺作品给别人，这样不仅锻炼了技巧，还增进了友谊，可谓一举两得。此外，用纸折成实际生活中可以用的果盘、笔筒等，不仅耐用、美观，还非常环保，不会对环境造成污染。

折纸讲究对称，可以培养学生的对称性判断力，折纸需要耐心，可以锻炼学生的耐心，折纸需要有一定的空间感，可以培养学生的立体感。折纸可以折出许多物品来，可以举一反三，培养学生的创造性。纸艺作品耐用、美观，还非常环保。此课程通过动手，使大脑得到了开发和锻炼，也促进了对其他知识的学习。在活动中我们还特别渗透了感恩教育。

在体验课中可以向学生介绍折纸的起源，有中国起源说、日本起源说、西班牙起源说，至今无从考证。但是中国早在西汉时期就出现了以大麻和少量苎麻纤维制造的纸张，而日本直到公元 610 年才由朝鲜僧人昙征将造纸术献于当时摄政的圣德太子。所以更多人相信，折纸起源于中国。在此过程中，向学生渗透爱国主义教育。

（一）制作五彩花束、花球

用 5 张正方形彩纸分别折成五瓣花中的每一瓣，并将它们粘贴在一起，制成一朵五瓣花（见图 1）。并学习五瓣花组成立体花束或花球的方法。学生可以在母亲节、父亲节或者教师节送给师长一束亲手制作的花束，表示自己的感恩之情。

图 1　剪纸花束　　　　　　　图 2　剪纸信封

（二）巧手做信封、书签

将彩纸打成雏菊形状，粘贴在书签上；用彩纸制作一个精美的信封（见图 2）。学生可以在书签或者信封上对师长写上一段感恩的话。在此过程中，对学生渗透感恩教育。

二、剪纸——渗透中华传统文化

剪纸，又叫刻纸，是一种镂空艺术，是中国汉族最古老的民间艺术之一。其在视觉上给人以透空的感觉和艺术享受。学生用剪刀或刻刀制作出精美的窗花、京剧脸谱、福字等。在体验课上向学生介绍剪纸的内容和寓意。例如祥和的图案企望吉祥避邪；娃娃、葫芦、莲花等图案象征多子，中国农民认为多子便会多福；家禽家畜和瓜果鱼虫等因与农民生活息息相关，也是剪纸的重要表现内容。作为民间艺术的剪纸，具有很强的地域特点：陕西窗花风格粗犷豪放；河北和山西剪纸秀美艳丽；江苏宜兴剪纸华丽工整；江苏南通剪纸秀丽玲珑。剪纸虽然制作简便，造型单纯，但由于其能够充分反映百姓的生活内涵，具有浓郁的民俗特色，是中国农村众多民间美术形式的浓缩与夸张。从对剪纸的了解中，可以便捷地了解中国民间美术的其他方面。

（一）剪窗花

介绍中国剪纸的种类，介绍福字文化，展示不同的福字作品，介绍剪纸的手法和方法，剪出福字的窗花（见图3）。

图3 福字窗花

（二）剪京剧脸谱

介绍中国剪纸的种类，介绍京剧文化，展示不同的脸谱作品，介绍剪纸的手法和方法，剪出京剧脸谱。

三、纸艺中的科学——提高科学素养

（一）旋转鱼缸

利用卡纸和毛线制作一个可以旋转的卡片。正面画上一个精美的鱼缸，背面画上一条游动的小鱼，然后将卡片快速旋转，两张画变成一张画，就可看到小鱼在鱼缸里快乐地游动（见图4）。在此过程中简单介绍视觉记忆原理。

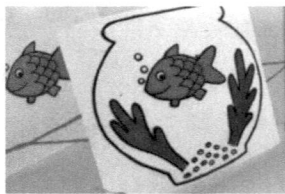

图4 旋转鱼缸

（二）随心所欲飞行器

用硬卡纸和塑料吸管制作一个简易飞行器，并比一比谁的飞行器飞得最远（见图5）。在此过程中简单介绍飞行器的流线型设计原理。

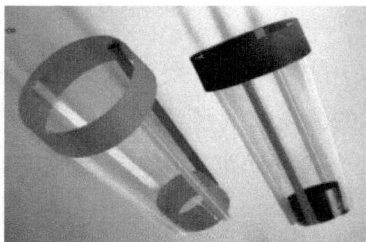

图 5　简易飞行器　　　　　　图 6　简易纸蛇

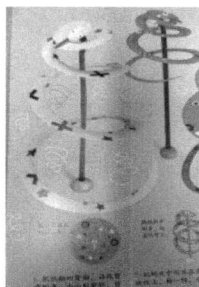

用万能黏土、彩纸和塑料吸管制作一个简易纸蛇，并比一比谁的纸蛇站得最稳（见图 6）。此过程中简单介绍纸蛇中蕴含的重力和平衡原理。

（三）剪纸——魔力跷跷板

首先在彩纸上画出猴子形象，再用剪刀剪出两只活泼的小猴，利用绒线和毛线做出跷跷板，将猴子挂在绒线两端，就形成一个简易的跷跷板（见图 7）。让学生在此过程中体会力与平衡的关系，使其建立力与平衡的启蒙意识。

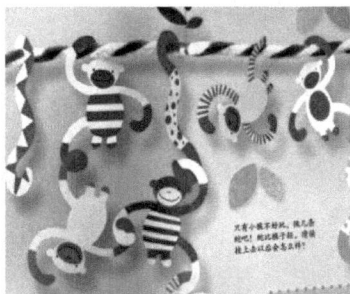

图 7　简易跷跷板

四、在教学中应注意的几个问题

（1）折纸时折痕要制作得非常明显，建议学生用指尖在折叠处来回划几次。

（2）确保所有的折叠都尽可能正确，如果折叠有误，那最后的作品就往往不对称或是很别扭。

（3）不要开始就尝试很难的折纸或剪纸制作，先做一些容易的，步骤简单的。

（4）初学时用大的纸张，建议使用 A4 纸，必要时裁成正方形进行操作，等到熟练的时候就可以用小一点的漂亮的纸张。

（5）可以使用正反颜色不同的纸张，这样可以比较清楚地确认作品的内外。

（6）在进行折纸和剪纸制作之前先将所有的教程步骤浏览一遍，这样就不会漏掉步骤或是弄混步骤。

（7）多加练习！如果不断地犯同样的错误，没关系，多加练习就可以了。

为"培养中小学生核心素养"添砖加瓦

马建知

医药商品经营专业是我校的特色专业，本专业学生在全国多个市、区、校专业比赛和相关比赛中获奖。多年来医药商品经营专业为北京市医药行业培养了大量人才，受到用人单位的好评。

2016 年是我区职业教育变革的一年，根据北京市的政策要求，职业教育的方向要进行适当的调整。当学校提出根据所教职业岗位特点设计中小学职业体验课时，我初听觉得很简单，只要把自己教授的专业技能课修改一下，降低标准就行了。但在进一步设计和实施中，我发现了很多问题。

一、体验课的设计问题

1. 职业体验课选题问题

职业体验课程选题看似简单，有人说给小学生讲点中药讲点养生。但在深入思考和实施中，我发现专业岗位知识与技能不适合中小学学生年龄特点而更适合师训教学和市民教育。

2. 职业体验课教育对象问题

作为一名教授高中学生的教师，教学对象的改变，使得某些教学内容转变成为问题。体验课所教授的对象中既有儿童，又有成年人；既有中小学生，又有教师或其他身份的市民。教育对象年龄跨度大，身份各异，教育基础不一。

3. 职业体验课教学教法的问题

体验式教学源自英国，1982 年由心理学博士马丁汤姆森创立，学习活动种类超过 100 多种，每个活动都是为特定的培训需求而设计，被全球范围1000多家一流企业在培训中使用。由此可见它是一种应用广泛的企业培训教学。

体验课程不是传统学历课程的压缩，因此职业体验教学与传统学历课程教学有很大区别。传统学历课程教学是由国家统一规定的课程、课时及教育内容。而体验课程则是根据教师的专长，对学生进行某一方面的教学。一个是统一规制的教育，一个是以需要为目的的补充式教育。

通过上述内容不难看出，教学方法的改变，教学对象的改变，是职业体验课教师面临的一大难题。

二、体验课的实施

正当上述问题让我困惑时，习近平主席提出的"中医药是打开中华文明宝库的钥匙"的思想和《中医药发展战略规划纲要（2016—2030年)》，以及学校组织我们对中小学核心素养的学习，指导我对课程进行了如下的设计与实施。

1. 选题上分开层次

中医药职业课程的学习包括中医药职业道德的培养，中医药职业知识和技能的掌握和传统职业工具的使用。中医药职业知识和技能适合有一定教育背景和生活经验的成年人，用以提高他们的综合素养。而对传统职业工具使用的体验，既可以激发中小学生的学习兴趣，又可以提高学生的实践素养，同时可以通过对传统中医药工具背景知识的学习提高学生的科学素养、人文素养。

因此我选择了中药传统调剂技术中戥秤的使用作为职业体验课程的内容。通过中医药传统名人故事的讲解培养学生对传统中医药的认同感；通过中药销售岗位相关要求的介绍，使学生了解中药调剂岗位的工作特点；学生通过对中药房的环境与相应设备的体验，激发职业体验的学习兴趣；通过介绍中国的"十六两制"提高学生的人文素养；通过"杠杆原理"在戥秤称量中的应用与戥秤的使用提高学生的科学素养；通过调配中药处方提高学生的实践素养。

我选择了"植物中的中药"为本区的生物教师做了师训体验课，既为生物教师补充了相关中药知识，又通过中药的应用渗透了一定的养生知识，提高了教师的健康素养。

我选择了"简而易学的中医五脏养生术"，为市民做了养生体验课，帮助社区居民正确认识中医，提升社区居民中医健康素养水平，提高社区居民的家庭生活质量。

2．根据学习对象的不同设定职业体验的内容

通过学习、思考、实践，我发现中小学职业体验课的设计应抛开学校课程教育，放在短时间培训教育上。以中小学生核心素养的培养目标为依据，根据中小学生特点、教师的专长，设计中小学职业体验课，作为提高中小学生核心素养的补充式教学。因此作为教师应从中小学生的视角出发，换位思考，选择"中医药传统调剂工具"为体验内容，作为补充式教育设计课程。

师训课以《中医药发展战略规划纲要（2016—2030 年）》为依据，以提高教师综合素养为目的，设定中医药基础知识与技能，为完成纲要中提出的"将中医药基础知识纳入中小学传统文化、生理卫生课程"做出一定的贡献。

市民养生体验课，以《中医药发展战略规划纲要（2016—2030 年）》为依据，以弘扬中医药文化，提高市民健康素养为目的，设定中医药文化养生体验课，让市民在体验中医传统养生术的同时，感受中医药文化的智慧与魅力。

3．职业体验课改变传统的学校课程教学模式

通过体验课的教学摸索，我在职业体验课教学上采用体验式教学方法，采取小班教学，企业培训模式。以中小学职业体验课"中医药传统调剂工具"为例，将教学过程分为：

（1）体验：参加一项活动，以观察、行动和表达的形式进行。这种体验是整个过程的基础。如，学生观察戥秤的操作视频，模仿戥秤的称量，理解戥秤的称量原理。

（2）分享：体验过程结束后，参加者分享他们的感觉或观察结果。如，学生通过练习使用戥秤，说出初次使用戥秤后的感觉。

（3）交流：与其他体验者探讨交流。如，学生在组内交流戥秤使用的经验技巧。

（4）整合：总结出原则或归纳提取出精华，以帮助体验者进一步定义和认清体验中得出来的结果。如，通过教师引导，学生总结出"杠杆原理"在戥秤称量中的应用和戥秤的使用技巧与注意事项。

（5）应用：将前面的体验联系到以后的生活体验当中去。如，教师引导学生在日常生活中利用戥秤或电子秤称量所购买物品重量。

教师在引导学生体验戥秤使用的同时，通过讲授向学生渗透戥秤的文化内涵。例如，"十六两制"的制定等文化背景知识。

三、体验课设计的几点思考

中小学职业体验课为职业学校在新的政策下开辟了一条新的教育的途径。通过一年半的实践，我感觉到体验课的开设要依靠两点。

1. 根据教师的专长，对学生进行某一方面的教学

中小学体验课的开发设计应充分发挥教师的特长，跳出传统的学校课程教育思路与模式，采用企业的短期培训模式；跳出从所教专业中设计体验课的思路，利用教师的特长，充分激发教师的教学设计积极性。

2. 中小学体验课是以需要为目的的补充式教育

中小学体验课的开发与设计，应以中小学生不同阶段核心素养的培养为依据，以中小学生的培养需要为目的，作为中小学生学校课程的补充式教育，从中小学生角度出发开发设计不同年龄段的体验课。这既有利于激发中小学生的求知欲，又有利于教师引导学生学习技能、培养学生核心素养。当然这不是一两个教师能够完成的事情，它需要教育教学管理者从国家教育发展角度将教师开发的体验课联结起来，形成学校教育与体验课教育的合力，促进我国中小学生核心素养的培养。

助推体验课程　做好转型工作

张子毅

目前我校依托优势资源，合理利用实训室，在我校各专业课的基础上进行科学设计，并结合教师自身长处进行开发，开展了一系列面向中小学生的职业体验课程。

为了更清楚地了解职业体验活动，我上网查阅了相关资料，对职业体验的背景和发展有了一些了解。青少年职业体验这个行业是一类新兴的娱教服务商业项目，简单讲就是为青少年提供高仿真设施道具和模拟场地，在专业教师的指导下，让学生能够在不同职业体验主题店中扮演各行业职业角色，在玩乐中培养职业理想，规划自己的未来。

正确的教育必须是学习与实践相结合的，两者是互相促进、相辅相成的依存关系，而为了适应社会的发展潮流，实践更是具有举足轻重的决定作用。我们学校开展的职业体验课程既关注了理念方面的基础知识，又在学习之后开展实践活动，将理论知识转化为劳动产出，通过角色扮演，巧妙地将学习与实践结合起来。

目前，我在学校主要担任助教工作，参与了几项课程的教学组织工作，对这项活动有着极大的兴趣。在课上我感觉到，学生们非常喜欢来上课，这种新奇的授课方式不仅扩大了他们的知识量，增长了他们的见识，还使得他们对一些专业领域产生了兴趣，甚至从潜意识中影响了他们的职业规划。

记得曾经的联合国秘书长安南说过："人类的生命从来如此脆弱！如何保护我们自己，如何挽救同胞，我们必须知道。"现代社会经常能遇见各类急救事件，有效提高公众的急救理念和急救技能要从儿童抓起。"人体的奥秘"是一项普及急救知识的课程，也是学校的品牌课程。课程主讲张凤清老师从最基本的人体构造讲起，帮助学生们了解人体的骨骼构成及骨骼功能。听到骨折给身体带来的伤害时，孩子们都感同身受，非常痛心；身体中的血液是维持生命的营养，不同位置出现不同程度的出血需要怎样处理又让孩子们陷入了思考，指压止血、加压包扎止血、填塞止血、止血带止血等方式的学习让孩子们大开眼界；当由于某些意外情况导致有人昏迷、心脏骤停时应采取什么急救措施呢？张老师教给同学们的心肺复苏术就可以帮助同学们在面临紧急情况时可以第一时间给予伤者最重要的救助。在课程中，张老师采取情境化的案例教学和实际演示，为促进学生对知识的消化理解，每节课都会让学生们分组进行实际操作练习，最大限度地保证教学质量。

李颖老师的 Flash 动画课程也深受同学们的喜爱。广义而言，把一些原先不活动的东西，经过影片的制作与放映，变成会活动的影像，即为动画。在上课初始，李老师会给同学们播放几种不同形式的动画，有平面动画、书角动画，还有 3D 动画，极大地激发了同学们自主制作动画的兴趣。同时，李老师细致的步骤分解减轻了同学们的操作难度，虽然都是第一次接触 Flash 软件，但在课程结束时大家都能完成一段小动画的制作。不过，想在这么短的时间里掌握软件操作实在有些困难，很多同学都希望能增加课时，满足他们从观众到制作人的华丽转身。由此可见，Flash 动画制作是很有魅力的课程。

茶艺是饮茶活动过程中形成的文化现象，它包括茶叶品评技法和煮茶艺术操作手段的鉴赏以及品茗美好环境的领略等整个品茶过程的美好意境。在张祺老师的"茶艺"课上，每一名学生都是客人，也都是服务者，都要以品茶人的精神与品质去要求自己，投入地去品赏茶。在张老师的带领下，学生会学习茶叶的基本知识，了解和掌握茶叶的分类、主要名茶的品质特点和制作工艺，了解茶艺术表演的程序、动作要领，以及服务过程中的礼貌和礼节。在悠扬的古曲声中，伴着淡淡的茶香，学生们执茶壶品茶味，举手投足都透着优雅。徜徉在和谐的课堂氛围中，学生的身心都得到了放松，既减轻了学生的学业压力，又让学生传承了传统文化，还可以让学生学到实用的技能。

实际上，职业体验课程的出现，是对中国固有教育的补充，它弥补了传统教育方式的缺失，具有使中小学生体验社会职业、提早培养社会适应性的全新教育功能。比如，通过职业体验课程了解父母的工作，增强生存能力。教师在课堂上尽可能多地为学生创造尝试、了解的机会，并围绕其好奇点、兴趣点尽可能多地为其提供相关知识。不论学生未来从事什么职业，更多地了解周围人的工作性质和内容是帮助他们未来获得强大生存能力所必需的。

对于我校目前的转型工作来说，我们不仅可以在专业特色的基础上进行课程开发，面对区内中小学的固定年级、班级进行集体授课，还可以逐步通过微信等平台向全社会进行推广，让更多的孩子能有机会参与进来。同时，作为教师，我们要积极转变观念，多了解社会热点和发展趋势，自身更要不断地学习，只要有才、用心、肯吃苦，就一定能设计出更多更好的课程来。

情系体验课堂　税收助力成长

胡　明　仇　颖

一、课程开发

秉承"税法宣传从孩子抓起"的理念，会计教研组开发了"咱们身边的那些税"体验课程。一年来，我们对 10 余所学校 300 余名学生进行了税法培训。税法即税收法律制度，是调整税收关系的法律规范的总称，是国家法律的重要组成部分。它是以宪法为依据，调整国家与社会成员在征税纳税上的权利与义务关系，维护社会经济秩序和税收秩序，保障国家利益和纳税人合法权益的一种法律规范，是国家税务机关及一切纳税单位和个人依法征税的行为规则。"咱们身边的那些税"体验课不仅丰富了学校的课程体系，也是我校在法制教育宣传上的新模式。

这次制订课程方案的时候，我们做的第一件事就是思考：会计专业课程在孩子身上能够发生哪些变化？对孩子的素养（专业核心素养）有哪些贡献？并且以此为纲，确定教学目标，选择教育内容，确定教学要求。第二件事，我们关注的是，毕业以后，作为一个公民，学过税法和没学过税法有什么差异？税法能留给他终身受用的东西是什么？这就是核心素养。核心素养都是一个整体，是育人目标、学科育人价值在不同教育阶段的具体体现。当我们设计课程的时候，需要将上述的育人目标进行分解，需要具体化，因此，本课程以社会主义核心价值观引领教学内容，通过讲授、案例、模拟家庭对话、讨论等形式，帮助学生体会国家的钱从哪里来，用到何处，理解"什么是税收""税收哪去了""税收和我有关吗"等问题，从思想上认知到税收是用来保卫我们的国家、建设我们的校园、美化我们的家园的资金的源泉，是国家富强、民主、文明、和谐的保障，使税收与生活、与经济、与社会、与国家密不可分的关系得以形象、直观地展现，使学生建立依法纳税的法律意识。通过了解父母工资收入、家庭买房和买车支出应缴纳的税金，体会我们的衣、食、住、行、用样样都离不开国家税收，从而了解国家税收原则，理解依法纳税是建立平等、公正、法治社会的手段，明白诚信纳税是公民的基本素质。通过案例模拟家庭对话，计算个人所得税、车船税、契税等身边常见税种，使学生亲身体验每一个家庭为国家所做的贡献，建立纳税光荣的荣誉感，逐步内化为爱国、诚信的优秀品质，把核心价值观的内涵有机渗透到会计学科体验课程教学中。通过一系列宣传活动，发挥小小宣传员的社会作用，小手拉大手，带动全社会诚信纳税，让小学生的核心价值观教育活起来、动起来。

课程围绕着"税收与生活"开展设计。本课程的基本定位是普及税收常识。主要内容包括：一是了解税收，分析日常生活中的各种税收现象；二是走近税收，通过"爸爸妈妈工资""奖金收入缴税吗？""彩票中奖缴税吗？""买学习用品缴税吗？"等课程，了解我国现行税收制度的基本情况，把握依法征税、依法纳税和依法用税的基本含义；三是运用税收，例如车船税。买车要缴税吗？我们应该怎么缴税，了解我国1.6升以下的乘用车减半征收车辆购置税，对新能源汽车免征车辆购置税，鼓励大家绿色出行。通过学习，学生们学会运用税法中个人所得税、车辆购置税、消费税等基本内容，简单计算日常生活中需缴纳的税金，了解哪些项目或工作要依法进行纳税，理解国家税收的强制性，明白社会主义核心价值观在税收中的公平与公正的具体体现，使得小学生懂得依法纳税是每个公民应尽的义务，懂得履行义务的同时拥有哪些权利。

附《"咱们身边的那些税"职业体验课程设计》

北京现代职业学校职业体验课程设计

课程名称	咱们身边的那些税	项目负责人	胡明
		项目成员	仇颖 胡明
课程性质与定位	课程以社会主义核心价值观为指导，贯彻落实中小学生核心素养的培养。其任务是通过视频、讨论、讲授、实践等形式，使学习者初步认知我们的衣、食、住、行、用方方面面都离不开国家税收。能够运用《税法》知识，学会计算生活中常见税种的缴纳金额，通过学习税法，而遵守税法，再去宣传税法，树立纳税光荣、依法纳税的意识，争做小小《税法》宣传员		
授课对象	小学4~6年级，初中各年级	总学时	8课时
课程目标	知识与能力： 1. 能够叙述国家财政收入的主要来源，财政支出的主要去向。 2. 能够识别日常经济生活需要缴税的种类和基本内容，了解国家税收的强制性，理解在税收中如何体现社会主义核心价值观的公平与公正。 过程与方法： 运用税法中个人所得税、车辆购置税、消费税等基本内容，简单计算日常生活中需要缴纳的税金。 情感态度与价值观： 通过小小纳税人的纳税行为体验，感知税收与国家、个人间取之于民、用之于民、造福于民的相互关系，增强纳税意识和责任感		
课程内容	内容概要	通过"咱们身边的那些税"课程教学，使学生感知国家财政收支与税收的关系；了解生活中衣、食、住、行、用方方面面需要缴纳的主要税种，通过计算父母工资薪金收入、奖金收入缴纳的个人所得税等内容，体会每个家庭如何通过缴纳税款为国家做贡献，树立纳税光荣、依法纳税的意识与责任	
	章节分配及适应学段	1. "税"来"税"去（小学四年级）	
		2. 爸爸妈妈工资、奖金收入缴税吗？（小学五年级）	
		3. 爸爸妈妈年终一次性奖金缴税吗？（小学六年级）	
		4. 彩票中奖缴税吗？（小学六年级）	
		5. 买学习用品缴税吗？（小学六年级）	
		6. 买车要缴税吗？（初一年级）	
考评方法	过程性评价、结果性评价（工作页展示）		
学习结果呈现方式	1. 工作页 2. 税费的简单计算		
学习场地与设施设备、耗材等需求	计算器、多媒体设备、投影仪		

二、课程实施的意义

2016 年 9 月 13 日,《中国学生发展核心素养》研究成果在京正式发布。据该研究成果报告,所谓学生发展核心素养,主要指学生应具备的能够适应终身发展和社会发展需要的必备品格和关键能力。基本内容分为文化基础、自主发展、社会参与三个方面,综合表现为人文底蕴、科学精神、学会学习、健康生活、责任担当、实践创新六大素养,具体细化为国家认同等 18 个基本要点。

学生发展核心素养是进一步深化课程与教学改革,落实立德树人根本任务的重要依据。但要落地生根,还需要结合各阶段学生身心发展特点和学校教育教学实际情况认真研究。以其中的"责任担当"来说,中小学生身心发育还很不成熟,究竟需要培养他们什么样的责任担当呢?从体验课程实施过程中我们体会到应培养学生的责任担当意识,即主要是学生在处理与社会、国家、国际等关系方面所形成的情感态度、价值取向和行为方式,具体包括社会责任、国家认同、国际理解等基本要点。中国学生发展核心素养中指出综合表现为人文底蕴、科学精神、学会学习、健康生活、责任担当、实践创新六大素养,具体细化为国家认同等 18 个基本要点。其中基本内涵中的社会参与是指,重在强调能处理好自我与社会的关系,养成现代公民所必须遵守和履行的道德准则和行为规范,增强社会责任感,提升创新精神和实践能力,促进个人价值实现,推动社会发展进步,发展成为有理想信念、敢于担当的人。

通过体验学习,同学们体验到税收是广大劳动人民生产创造出来的。也就是说,有国即有税,在漫长的历史长河中,赋税为国家强大、社会进步做出了重要贡献。传承税收历史、弘扬税收文化是每个公民的责任和使命。

学生在总结中写道:税收是由广大纳税人缴纳的。税收最终来源于我们每个人,大家都在为国家税收收入做着贡献。我国从 4000 多年前的夏朝开始就有了税收，现在几乎全世界的国家都规定一些有收入的单位和个人均要依法纳税。只要是中华人民共和国的公民，就有依法纳税的义务。"没有规矩，不成方圆。"税收的规矩就是税法，税法规定，公民有纳税的义务，不依法纳税是一种违法行为。

三、反思

（1）体验课程发展到现阶段，教师们对于"课程"的理解应该进入一个新阶段。课程不再具有规范的教学内容和教材，也不再只是"文本课程"，而是"体验课程"，在特定的教育情境中，每一位教师和学生对课程内容都有自身的理解，课程实施的过程是教师与学生共同创造适合其个性发展需要的积极的教育过程。如果我们的教学还包裹在专业范围内，不敢超越专业，是很难实现职教转型这一目标的。要实现这一目标，首先，教师必须对体验课程有透彻的理解和体系结构上的把握，这是前提和基础。这种理解和把握表现在两个方面：一个是学科知识内在的规律和系统的知识结构，了解知识的内涵及发展变化，且形成一套可操作的能让学生迅速建立这种知识体系的运作策略；另一个是学科知识与现实生活、学生经验的结合点，这是关键。例如，学生在今后的工作中如何利用税收因素为事业发展导航，怎样才能成为一名遵纪守法的纳税人，缺乏税收知识导致工作和生活失误的经验教训，税收管理常识及中国税制改革的基本取向等，是这门课不断完善的动力。

（2）第一，需要教师的关注点发生转变，即如何从关注知识点的落实转向到关注素养的养成，如何从关注"教什么"转向到关注学生能学会什么。第二，需要课程观发生转变，重新认识课程的经典问题，"什么知识最有价值""什么知识最有力量"。第三，我们需要更多地思考如何让知识成为素养，让知识变成智慧，也就是说，只有能成为素养或智慧的知识才有力量。在这样的背景下开发基于核心素养的体验课程，才具有重要的理论意义与现实价值。

职业体验课是体验与职业认知课程，意义重大，对小学生渗透职业体验教育，有助于培养职业意识，确立具体目标，做好人生规划；对初中生渗透职业生涯教育，有助于增强职业生涯规划能力，合理规划职业生涯；对高中开设职业技能类探究型选修课程，有助于开展研究性学习，强化学生职业生涯规划教育，提升学生的生活技能、职业认知和创新能力。

精雕细琢，让职业体验成为中小学生课堂的助力

成丹丹

从 2015 年起，东城区提出了职业学校向青少年教育基地和市民教育基地转型的口号，要求完善学院制人才培养机制，提高学生六大核心素养，在区政策的指引下，我校利用现有专业资源，为学区内中小学生量身打造了多彩的职业体验课程，让孩子们走进真实的工作场景，通过扮演相应的职业角色，了解多种职业的基本知识，激发他们对不同职业角色的实践兴趣，提高他们的生活技能和实践创新能力。

我开设的课程名称是"3D 设计初体验"，课程的整体设计过程如下：

一、设计思路

（一）背景

在进行职业体验课程设计之初，考虑到小学生所学的数学学科与我所教授的计算机学科联系较为紧密，我首先认真研读了小学生数学课程标准，其中关于图形与几何学习内容的规定是：应帮助学生建立空间观念。所谓空间观念是指能够根据物体特征抽象出几何图形，根据几何图形想象出所描述的实际物体，能够想象出空间物体的方位和相互之间的位置关系，能够根据语言描述或通过想象画出图形等。

在学校的学历课教学中，我教授的是计算机与数字媒体专业的"3ds Max 设计"课程，而此门课程恰好是以空间观念为基本理论依据，在此基础上去学习更多的 3D 设计专业技能，从而去胜任多方面的 3D 设计工作。为此，我开始着手思考设计开发本门"3ds Max 设计"课程。

课程定下来后，难题随之而来，中职生所学习的"3ds Max 设计"这门课程是学年课，包括厚厚的两本书的内容，课时为 80 学时，而我们为小学生们设计的课程是 8 课时，我该为孩子们上哪些章节的内容呢？还有更重要的一个问题是，3D 设计课程是一个延续性课程，基本的技能操作不会，又该如何讲解后续复杂操作呢？

工作任务的选取成了亟须解决的问题。

（二）内容

1. 依据社会岗位，选取工作任务

什么是职业体验课程？职业体验课程就是通过模拟、体验、角色扮演来了解和接触真实的社会分工与各职业的职能及相应技能。小学生正处在世界观、人生观和价值观形成的起步阶段，对社会及社会群体有一定的认识，但缺乏深刻认知和理解，需要在社会实践中进一步了解和认知，需要通过更广泛地理解不同职业，树立正确的人生观、价值观和世界观，初步形成人生的理想目标及人生发展规划。于是我认真调研小学高学段学生的计算机实操能力，然后根据 3D 设计相关的岗位工作内容，分析制定了课程的 4 个职业体验任务，将 3D 设计中动漫人物设计、室内家具设计、首饰设计、动画设计 4 个单项职业提炼出来。考虑到学生的计算机操作水平较弱，对软件的操作熟练度不足，每个任务均设计最基础最简单且相对独立的工作任务。

2. 在职业体验中培养核心素养

在课程内容开发阶段，学校领导考虑全面，为我们购买了《21 世纪学生发展核心素养研究》一书，其中针对学生核心素养的培养包含职业和生活技能一项，既包括灵活性与适应能力、主动性与自我导向、社交与跨文化交流能力，也包括高效的生产力、责任感、领导力等。因此，我想我们设计的职业体验课程，应该让学生在体验的过程中了解不同职业的特性，体会劳动的快乐，感受职业的艰辛，培养学生热爱生活、关注社会的思想感情。

有了这个培养目标，我也将自己设计的 4 个单项职业的职业特点及职业要求融入课程中，无论进行哪个单项任务的设计工作，必须要时刻为客户考虑，要有设计人员的责任感，例如动漫人物设计要从客户的年龄群兴趣点入手，要设计有特点、有创新的任务。室内家具设计要考虑客户使用的便捷性、安全性（例如沙发的把手不能用长方体，而应该用有弧度的切角长方体去设计）……

二、课程设计的落实

设计好课程只是纸上谈兵，课程的实施环节才是最重要的。

为了吸引学生、激励学生，每次课程授课之前，我都认真撰写教案、设计教学环节和评价教学方案等内容，并用 3D 打印机将本次课程学生需要完成的 3D 作品提前打印出来，课程开始前告诉学生们对于表现好的学生，教师将奖励高大上的 3D 作品，而且会将每位设计者的作品均以彩色书签的形式打印出来，让其拿给爸爸、妈妈、老师这些客户去欣赏评价。在激发了学生的学习热情之后，我再带着学生走入神奇的 3D 设计世界，开始是一步步引导他们形成 3D 思维，在软件中验证物体的方位和相互之间的位置关系，并教他们学会自主思考，例如通过球体、长方体、圆柱体的讲解练习，让学生自己实操总结出其他如圆锥体、异面体等的共性特点、操作方法。对于操作理解较快的学生，我会给他们发挥创新的空间，例如沙发制作时，有的学生把茶几、茶壶都一起设计了出来。当孩子们发现他们的想法在软件中自由、快速地实现时，当他们拿到自己亲手设计的作品时，我看到了一张张灿烂的笑脸，看到了他们的自信，看到了他们成功的喜悦，更看到了他们对 3D 设计职业的喜爱。

三、反思提升

每次课程结束前，我们都给学生发放活动体验调查表，通过一年多来汇总分析孩子们的建议，我总结了以下改进方面：

（1）由于各学校体验的课时时长不同，应提前进行任务的简化与增加，让整个课时知识容量够、职业体验感强。

（2）针对初中学生，可以结合物理中的重力、摩擦力等知识的学习，设计有关重力等动画任务，既能让学生体会到动画设计师的工作要求，又能与学生物理学科紧密地结合，激发孩子们对物理等基础学科的学习热情。

（3）本门课程的教学，不应只是一位专业教师承担，而应形成一个团队化发展模式，通过团队研讨、开发，打造出一堂职业体验精品课程，每一堂课从内容的选定、上课形式、课件制作等都经过团队人员的反复研究制定，团队中每一位老师都可以担任本门课程，这样的发展更有利于职业体验课程的持久发展，同时也有利于教师的个人发展。

（4）教师要深入了解行业特点，有针对性地开发课程。开发课程的教师任务艰巨，前期需要付出大量的时间、精力去了解每一个行业的特点，但是单纯地从书上了解这些是远远不够的，教师必须有亲身体验，才能将职业性设计出来，才能真正设计出孩子们喜欢、认可的课程。

以上便是本人在"3D设计初体验"这门课程设计过程中的一些想法，目前本门课程正处在探索阶段，课程的设置、内容、形式都有待改善，我将继续潜心钻研，不断提升本课程的教学质量。

打破常规 开拓创新

——记职业体验课程"自编自导 Flash 短片"的开发

李 颖

最近两年，由于国家疏解首都人口、限制招收外地生源，以及人口出生率的自然下降等因素，职业学校的生源数量大幅减少，我校也在这一严峻的形势下面临着前所未有的挑战。在校领导的大胆创新理念下，我校及时调整办学方向，全体教师共同开创转型新思路，在中小学职业体验课程上进行了大胆尝试和探索，现在已经做到了全员参与转型，成功开设了 30 多门体验课程，取得了有目共睹的骄人成绩。

在学校转型的特殊时期，我作为一名计算机教师，也在开动脑筋深入挖掘自己的专业特长，设计开发了"自编自导 Flash 短片"这门面向小学五、六年级学生的职业体验课程。

我们设计的 Flash 职业体验课有什么与众不同之处呢？又将以什么为亮点吸引小学生来选我的体验课呢？为此，我思考了很长一段时间。

目前，无论是什么学段的学生，在学习 Flash 的课堂上无非是做大量的动画实例，通过一个个典型实例来学习动画制作的知识点。但是，每个实例之间并无联系，学生学习到的都是一个个的知识"点"，而不能把这些"点"连成"面"，缺乏制作动画的系统性。

另外，既然是职业体验课，就一定要突出"职业"二字，把教学内容落实到某一具体的"岗位"上，这样才算得上是一门职业体验课。因此，我就以"平面动画设计师"这一职业为契机，以 Flash 软件为载体，自主设计开发了一门"自编自导 Flash 短片"职业体验课程。本课程突破了以往 Flash 学习的不连贯性，整个课程共划分为 4 个单元，通过 4 次课程的学习制作出一个完整的动画短片。短片的主题是"蛋糕的制作",前三个单元分别制作"和面""烘烤""出炉"三大场景,第四个单元制作出"片头""片尾"两个场景,片头片尾的内容是由学生自主设计而成的。这样的课程设计,使每一次教学内容不再是孤立的,而是对前一次课的强化、运用以及提升,第四次课是对整个短片的结构进行编排设计,使学生真正体验到了"动画设计师"制作动画的完整流程,体会出设计师们动画设计、制作的艰辛与不易,树立良好的职业意识和对职业的尊重。

下面,我就对"自编自导 Flash 短片"这门体验课的设计与实施进行详细说明。

一、课程设计的理念与思路

(一)设计理念

(1)突出专业课程的职业性、实践性和开放性。注重与职业岗位相结合,按照"职业岗位—岗位需求能力—确立教学项目"的项目导向式运行机制来组织教学。

(2)学以致用,以"用"促学,边"用"边学,突出"教、学、做"一体化的教育理念。

(3)学生是学习主体,鼓励学生职业能力的发展,加强创新能力和意识培养的理念。在设计中,既要考虑学生职业技能的体验,又要关注学生综合职业素质的养成,为学生的可持续发展奠定良好的基础。

(二)设计思路

"自编自导 Flash 短片"是一门实践性很强的课程,对学生的计算机操作能力和理解能力都有一定要求,为了使小学生可以更好地体验这门课程,经过组内讨论将教学对象定位为小学五、六年级学生。

本课程设计的主要目的在于:

(1)体验完成一个"制作蛋糕"的完整动画短片,身临其境地感受一名动画设计师的工作。

(2)了解 Flash 动画制作原理和"帧"的基本概念,掌握 Flash 常用工具和面板的使用。

（3）重点掌握简单的补间动画、引导线动画、遮罩动画，制作出动画短片"蛋糕的制作"中的各个动画场景。

（4）拓展练习，自主设计短片的片头和片尾动画，掌握完整的 Flash 动画作品的制作流程、方法和技巧。

二、课程的具体实施过程

本课程将分 4 个单元带领学生完成一个完整的动画短片的制作，下面依次进行教学设计介绍。

第一单元：场景一"和面"的制作（2 课时）

教学设计：

这是学生们第一次上课，首先通过两个"书角动画"（见图 1）的视频引入动画制作的原理，由此让学生们理解 Flash 中的"帧"是什么，"帧"与书角动画中的一页画面是什么对应关系，为后面介绍关键帧做铺垫。

"书角动画"（见图 2）的视频很是吸引小学生的眼球，在课程一开始就足足地吊起了学生们的胃口，他们迫不及待地要开始动手啦！

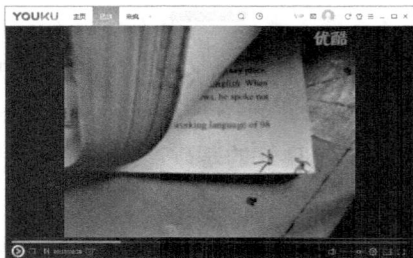

图 1　书角动画（一）　　　　　图 2　书角动画（二）

趁热打铁，接下来就带领学生马上开始"蛋糕的制作"。在场景一"和面"中，教师已经做好了基本背景和底图，只有"倒面粉""打鸡蛋"这两个动画是预留出来让学生们完成的，这样做的目的是为了符合五、六年级学生的接受能力，让学生在这个半成品的基础上制作关键的动画画面，以初次尝试、感受 Flash 软件为主要教学目的，体会两种不同补间类型动画的区别。

单元内容:

(1) 学习使用"形状补间"制作"倒面粉"动画(见图3、图4)。

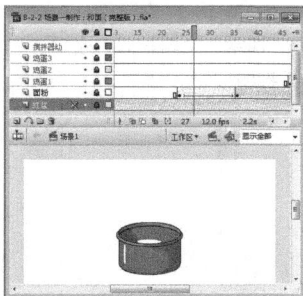

图3　"倒面粉"动画（一）　　图4　"倒面粉"动画（二）

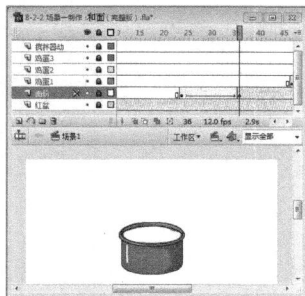

(2) 学习使用"动画补间"制作"打鸡蛋"动画(见图5、图6、图7)。

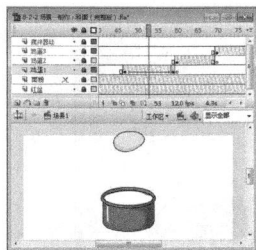

图5　"打鸡蛋"　　　　图6　"打鸡蛋"　　　　图7　"打鸡蛋"
　动画（一）　　　　　　动画（二）　　　　　　动画（三）

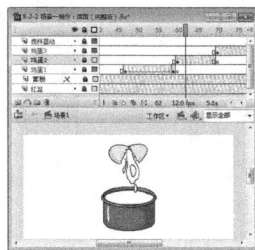

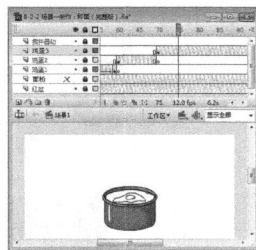

第二单元：场景二"烘烤"的制作（2课时）

教学设计：

如果说第一单元只是让学生简单尝试一下 Flash 软件的话，第二单元的场景二"烘烤"就要学生们完全靠自己把动画从无到有地制作出来了，从创建新场景到时间轴上的每一个关键帧，学生们都要跟随教师的引导一步步地完成。让学生了解一个动作至少要设置开头、结尾两个关键帧；不同的动画对象要分别创建在不同的图层中；各图层之间的动作起止时间要互相配合等。同时，对上一讲中学习过的"形状补间"和"动画补间"操作再次强化练习，并在"动画补间"中增加了"旋转"选项的使用，制作倒计时时钟秒针顺时针旋转的动画效果。

117

单元内容：

（1）学习新建场景2（见图8）。

图8 新建场景"烘焙"

（2）学习使用"动画补间"制作"蛋糕坯子放入微波炉"动画（见图9、图10）。

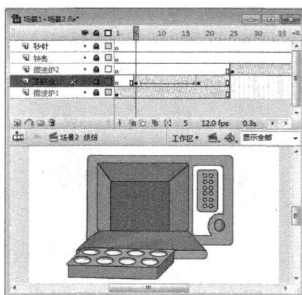

图9 "烘焙"动画（一）

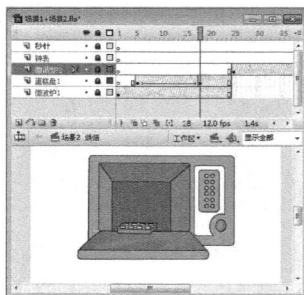

图10 "烘焙"动画（二）

（3）学习使用"动画补间"中的"旋转"选项制作"倒计时"动画（见图11、图12）。

图11 "倒计时"动画（一）

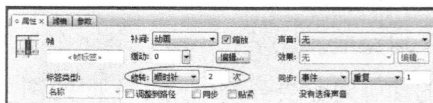

图12 "倒计时"动画（二）

第三单元：场景三"出炉"的制作（2课时）

教学设计：

在前两次课的基础上，对已经学习过的"场景""形状补间""动画补间"操作再次强化练习，并在"动画补间"中增加了"Alpha"参数的使用，制作画面淡入淡出的动画效果。

单元内容：

（1）巩固练习新建场景3（见图13）。

图13　新建场景"出炉"

（2）学习使用"动画补间"中的"Alpha参数"制作"蛋糕冒热气"动画（见图14、图15）。

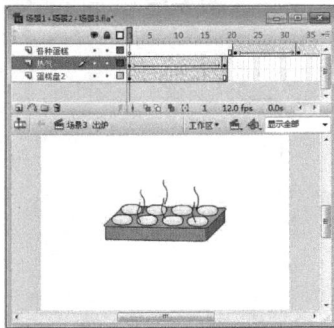

图14　"出炉"动画（一）　　　　图15　"出炉"动画（二）

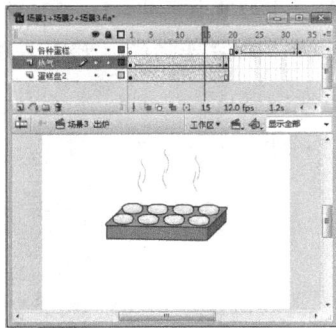

（3）巩固练习使用"动画补间"中的"Alpha参数"制作各种"蛋糕成品展示"动画（见图16、图17）。

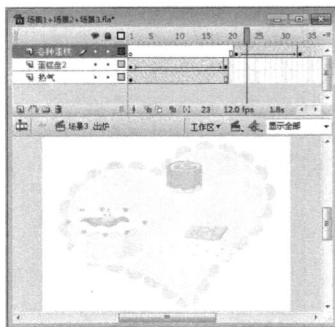

图 16　"蛋糕成品展示"动画（一）　　图 17　"蛋糕成品展示"动画（二）

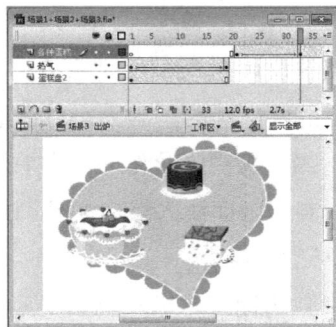

第四单元：场景四"片头片尾"的制作（2 课时）

教学设计：

在前三个单元中，我们已经完成了"蛋糕的制作"这一动画主体的规定动作，但是如果要呈现出一个像模像样的动画成品，那一定还少不了片头片尾的渲染，就像同学们在电视上看到的动画片一样，片头显示片名，片尾显示演职员表，还要有音乐来配合画面等。同学们听到这里，一定想赶快把自己做好的 Flash 短片丰富起来，加入自己想写的文字和音乐，在最后一个单元的学习中再次掀起学习的高潮。动画中的文字、色彩、音乐等均放手让学生自己设计，拓展学生的制作思路，激发学生自主学习的热情，体验动画设计师的"设计"环节。

单元内容：

（1）巩固练习新建场景 4、场景 5（见图 18）。

图18　新建场景"片头""片尾"

（2）学习使用"文本"工具制作静态的片头字幕（见图19）。

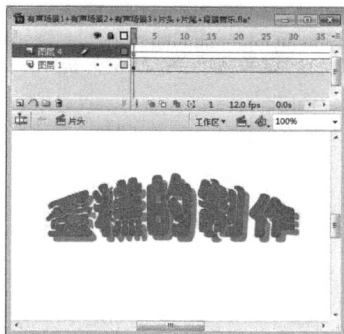

图19 "片头"字幕

（3）学习使用"遮罩动画"制作动态的片尾字幕（见图20）。

图20 "片尾"字幕

（4）学习添加声音文件，丰富各场景中的动画效果（见图21）。

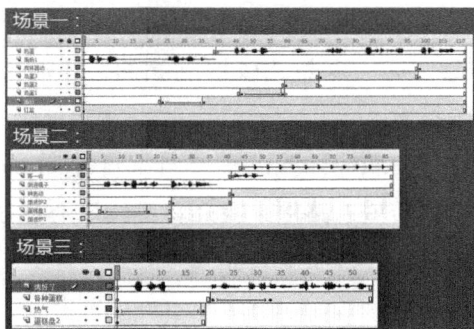

图21 添加声音文件

（5）学习添加简单的动作脚本代码 Stop（）（见图 22）。

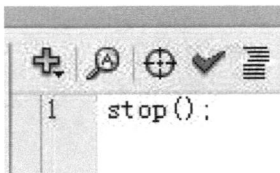

图 22 添加动作脚本代码

以上是 4 个学习单元的具体内容，同学们在完成第四个单元的学习后，就可以展示出自己的完整作品。一种展示形式是在课堂上用教学转播的方式向全班同学演示动画，同学们可以互相点评、改进；另一种展示形式是课后网络展示，对于一些做得慢的同学，在课堂上来不及演示，可以回家后上传到我为同学们申请的公共邮箱中，在那里进一步沟通、展示，学生也可以下载保留自己的作品。随着课程的不断进行，在公共邮箱中还可以进行各校学生作品的横向展评，互相促进学习。

三、课后反思

在本学期我已经上过两轮整套课程了，经过实践检验，总体感觉基本上符合五、六年级小学生的接受能力，学生对于自己制作的动画效果也表现出极大的成就感，学习兴趣十分浓厚，达到了我设计本课程的预期效果。学生初步尝试了动画设计师工作的内容，了解了 Flash 软件生成动画的基本原理和方法，得到体验学生和教师的好评。

目前，在实施本课程的过程中还存在一个问题，即不同学校的学生上课时间不一，有的可以保证连续 4 次来学习，有的只来一两次，所以很难得到一个完整的作品，这一点是比较困扰我的，还需要在今后的课程设计、课程打磨上不断摸索。

以上是我在设计开发职业体验课程"自编自导 Flash 短片"中的一些想法和体会，在学校的转型之路上，我还将继续潜心钻研、开拓创新，不断取得新成绩。

新的挑战　转型的机遇

宁　蕊

随着社会的发展，职业教育进入了一个新的阶段，我们的工作和生活也发生了新的变化。这些变化前无古人，但为后来者提供了一个新的方向、新的空间、新的视角、新的体验。我们的职业体验工作，一方面是我们面临的新的挑战，另一方面也有益于提高中小学学生发展核心素养，所以我们以学校的专业课为优势，进行课程的重新整合与开发。

一、金牌小客服

2015 年，学校的领导高瞻远瞩，以我校自身的优势课程为基础，号召专业课教师开发适应中小学职业体验的课程。依托"呼叫座席员和在线客服实训"课程，开发了"金牌小客服"课程。通过"金牌小客服"的学习，让中小学生了解什么是呼叫中心客服和在线客服的工作，培养学生的倾听、语言表达能力，能够简单了解业务软件的使用并提高学生的情商。"客服"工作是帮助人们解决工作和生活中所遇到的问题的一个工作岗位，学生和家长们在计算机、手机移动端无法自行解决问题的时候，就需要人工客服的解答与帮助，它能够化解这些生硬的机器解决不了的复杂问题。我们带领大家体验呼叫客服与在线客服的工作内容与工作环境、客服工作需要具备的能力，这些能力能让中小学生的学习和生活变得更加轻松。通过体验课程，可以帮助学生体验呼叫客服和在线客服的工作内容，了解业务软件，提高计算机操作能力，培养倾听能力，培养语言表达与沟通能力，培养写作能力，养成耐心细致的工作习惯。

通过两年多的教学实践，在实际的授课中，在青少院和区教研中心的指导下，不断改进教学目标与教学内容。从"小小客服员"到最后形成了16课时的职业体验课程——"金牌小客服"。为天永学区的中小学生上了体验课，接待了从小学一年级到初中一年级的学生，根据学生和学校的要求以及时间安排，调整了教学内容和教学进度。学生非常喜欢这门课。以下是部分学生的调查表（见图1）：

图1　调查表示例

在教学实践中，根据小学生的情况，在话术准备中，加入"感恩""校庆"等内容，从礼貌待人，到感恩家长、感恩老师。孩子们每次都会有新的体验，小小的心灵也会有所触动。比如，在引入"感恩"话术之前，先问一下学生们自己的生日，再问他们谁能记得父母的生日。从这些小调查中，也能看到每个学校的教育是不同的，有些学校班级95%以上的学生都能记得父母的生日，有些只是一半的学生能记得父母的生日。所以，当他们在体验课程结束后，填写调查表时可以看到学生的进步与成长。

在体验课教学实践中，每次都高屋建瓴地给学生们指出，我们选择体验客服工作，是为了培养大家多方面的能力。每次都让学生们在教师的启发下，分析自己和父母生活中遇到的客服，让学生们分析为什么客服要具有这些能力。从朗读到分析，学生们都能切中要点，具体要求能力包括标准的普通话、熟练的计算机操作能力，较快的打字速度、良好的沟通能力、良好的业务学习能力、良好的团队合作精神、较高的情商等。

当他们体验过客服的工作之后，都说这个工作非常辛苦，以后会尊重每个客服。从这简单而朴素的话语中，认识到我们做这项体验工作，既新奇又有着重大的意义。现在的学生大都以自我为中心，心中多数时间想着的是自己，而我们学校开始让他们通过不同的体验课，体验到了人生的快乐与艰辛，相信我们的体验工作也能给参加体验的学校和学生以新的视野。

本学年，我和团队一起开发了"潜能激发 PPT"和"跳舞的字符"课程。随着我校职业体验工作的深入开展，响应校领导的号召，我和本组的团队教师，一起开发了这两门课程，都是结合本专业的实训室和专业课特点进行开发的。

在两年的体验课教学实践中，我们接待了从小学一年级到初中一年级的学生。从本专业的"手把手教你开网店""小小物流员"，到我自己参与开发的"金牌小客服""潜能激发 PPT"等课程，发现小学和初中的信息技术课占课时比较少，学生的信息技术相关能力比较薄弱。比如，在小学和初中的课程中，没有演示文稿的相关教学，但是学生在上其他课程时，教师要求他们用 PPT 进行展示，说明自己的观点。而在学生们每次来上体验课的过程中，我都发现孩子们不会正确的键盘录入指法，每次打字，还要用鼠标翻页、选字，大大影响了课程的进度。所以我和本组的团队教师，共同开发了"潜能激发 PPT"和"跳舞的字符"两门课程。

二、潜能激发 PPT 设计

"潜能激发 PPT 设计"经过了一个学期的前期开发和设计，已经进行了一个学期的体验课实践了。本课程通过丰富多彩的演示文稿实例，让学生了解演示文稿设计的用途，利用丰富的素材和多种题材，让学生体验设计演示文稿的乐趣，从而具备初步的演示文稿设计和制作基础。本课程有助于培养学生学会学习的能力和审美情趣，让学生在学习的过程中乐学、善学，具有发现、感知、欣赏、评价美的意识和基本能力。让学生学会把静态文件制作成动态文件，把复杂的问题变得通俗易懂，使之更加生动，让学生们体验运用文字、图片、图表、动画、声音、影片等多种素材，以动态展示的方式描述事物，形成丰富多彩的演示文稿。

三、跳舞的字符

"跳舞的字符"课程致力于计算机和移动端操作能力之英文与中文录入，在实践过程中，让学生掌握输入法的使用及正确的录入方法，培养学生正确的录入习惯与创新能力。根据日常体验课程教学中的调研结果，小学生和大部分初中生在计算机、手机移动端上做作业的机会越来越多，根据之前体验课的经验，学生们在计算机录入方面存在着很大的上升空间。本课程带领学生体验计算机与移动端的字符录入与新奇的字符画，让学生的学习和生活变得更加轻松，充满乐趣。

本学期开发的两门课程，都已经上交了课程设计、单元设计、教案、学案等相关材料。经过学校领导和专家的多轮修改，上交学校体验办公室。

通过两年多的教学实践和课程开发，我开阔了视野，接触到了不同的教学对象，学到了很多东西。今后，也会有更新的课程、更复杂的教育对象来让我面对新的挑战与转型的机遇。我会努力、快乐地成为转型工作的主力军！

体验"小柜员" 感受"大社会"

王 爱

为使中小学生逐渐关注职业领域，尽早发现自身的职业兴趣，增进职业意识，了解从事职业活动所必须具备的劳动专业知识和相应的职业技能与道德，形成初步的职业选择意向，我们要在职业体验课程中，开展经典的适合中小学理解和操作的职业体验活动。

职业教育是培养学生职业认识、职业素质、职业能力的教育，在学生时期越早引入职业教育越有利于学生确立自身职业发展目标，将来能更快地融入社会、参加工作。在小学阶段，学生正处于世界观、人生观和价值观的塑造初期阶段，对于社会中的各种职业岗位缺乏广泛的认识，只对一些有趣的活动有学习兴趣；而初中阶段是人成长中一个非常重要的阶段，是初步确立人生观的时期，所以职业体验课程的开发与落实是推动整个社会职业岗位认识发展的重要阶段。

一、"银行小柜员"体验课程的设计思路

（一）课程设计思路

职业体验是学生步入社会前的准备课，对将来能否很好地适应工作有着重要的意义。各种职业体验课程让学生提前接触了社会，更全面、更深刻地了解了自己的兴趣，同时对将来要从事的工作有了进一步的认识和接触。

"银行小柜员"职业体验课程的设计思路是希望学生能够通过亲身的体验，知道什么才是银行柜员的工作，知道什么样的银行业务是银行柜员必须经历的。因此，我选择了4项银行柜员的经典工作业务，希望体验者

127

通过"银行小柜员"的体验，了解银行柜员的日常工作内容和工作状态。

（二）单元设计内容

在真实的银行工作中，柜员的岗前培训是必不可少的，而本课程中的"岗前培训"这一单元的主要内容是银行的起源和银行柜员的含义，学生能够了解银行柜员的职业道德、服务礼仪、职业技能、人民币的鉴别方法、银行专业工具的使用方法等。通过对本章的学习，体验者能够初步认识银行和银行柜员，通过银行发生的小故事体会银行柜员应具备的职业道德和服务礼仪。抓住中小学生对货币的认识和鉴别的强烈兴趣，借此让学生体验银行柜员是如何鉴别人民币的，同时使学生了解在生活中爱护人民币的重要性。银行内的专业工具也是帮助柜员完成业务的重要手段，学生正确使用银行工具也是岗前培训的重要内容。

银行柜员最典型的工作业务就是为储户开立账户并存取款，因此，第二、第三单元的主要内容就是让学生体验这项基本业务。通过银行中真实发生的小故事，为学生讲解人民币储蓄业务的基本知识，同时带领学生利用银行模拟系统为自己的小伙伴开立人民币活期储蓄账户并存入现金、支取现金。这两个单元的业务内容可以使体验者更加深入地了解银行柜员的工作内容，对柜员的岗位工作产生浓厚的兴趣。

银行的工作内容不仅是为储户开立账户、支取现金这些基础业务，还有帮助储户完成代收水费、煤气费、电话费等中间业务。因此，第四单元的主要内容就是银行的中间业务。

这些业务的体验，帮助学生多层次多方面地了解银行柜员这个金融专业岗位，希望学生能够通过体验对银行柜员产生就业兴趣。

二、"银行小柜员"体验课程实施中的做法与收获

（一）授课对象的特征

"银行小柜员"体验课程的授课对象是小学五、六年级的学生，而他们正处在心理逐渐走向独立的时期，开始了解和关注不同的社会群体，基本上能分清各种不同的社会职业，并对自己将来喜欢从事的职业开始有所憧憬。同时，这一阶段又是人生发展的奠基时期，此时打下的教育基础，

将影响学生一生的发展。在这个关键时期，需要正确地引导学生对职业进行深刻认识，帮助他们懂得任何职业都具有其特定的意义和作用，也同时需要付出辛勤和汗水。

这个学龄段的学生个性开始凸显，不同学生之间的能力、兴趣、爱好和特长呈现很明显的差异性。这时，借助职业体验课程去发展学生的比较、分析、综合思维的能力，能够帮助他们找准目标并确定努力方向，避免在今后的职业选择中走弯路。

（二）课程实施中的做法

本体验课程的核心，是希望学生能够通过体验具体的和综合的银行业务实践活动，帮助他们获得在银行柜员实际工作中迫切需要的实际工作能力。在"银行小柜员"整体课程的实施中，我着重激发学生对银行柜员的职业兴趣，帮助他们了解银行柜员的职业道德，并在体验的过程中感受柜员岗位的严谨性，从而可以尊重柜员岗位。

在每次正式体验之前，我会为学生讲一个银行柜员在工作中真实发生的小故事，这样做不仅能适时激发学生对银行柜员职业的兴趣，产生求知的欲望，还能促进学生了解柜员与客户之间的关系，懂得作为金融行业的员工（特别是柜员），其岗位的重要性和岗位工作的严谨性，为接下来的体验活动做好铺垫。

在体验过程中，体验者身临模拟银行实训室，利用仿真的银行操作系统和专业的银行操作工具，来完成每一次体验活动。整体环境的布置，银行业务的真实性，银行专业工具的操作，这些都会使学生产生身临其境之感，并从心底感受到学习和体验的乐趣。同时，我将参加体验的学生分成柜员和客户两组，让他们进行角色扮演，还可以角色互换。体验者不仅能体验银行柜员的工作内容和工作状态，完成体验活动，由于体验了储户这个角色，还能切实体会柜员岗位工作的艰辛，了解柜员与客户交流沟通的必要性和技巧性，锻炼学生的团队合作能力和语言沟通表达能力。

（三）体验课程的收获

在"银行小柜员"课程实施中，我发现小学不同年龄段的学生都会有不同的特征、个性以及认知能力，另外，小学生活泼好动、思维活跃发散，这对我是个巨大的挑战。在课前，了解学生的年龄和掌握知识的层次，成为我备课的重要内容。在课中，根据学生的个性特点、理解和运用银行模拟系统的能力，去适时调整体验课程的内容，使每一位学生都能够体验到柜员的工作内容和快乐。每位学生在体验过程中取得的成果，以及体验过程本身对学生经验的丰富和积累、体验者满意的笑脸就是我最大的成就。

三、"银行小柜员"体验课程的反思

我认为职业体验不是单独的一次体验活动，各科的体验教师应和各中小学教师紧密配合，使职业体验课程成为完整的系统化教育。学生通过职业体验课程，能够了解不同职业的特性，体验劳动的快乐，感受职业岗位的艰辛，培养热爱生活、关注社会的感情基础和责任感。一次体验课程结束了，但是可以针对不同年级的特征，将体验的内容延续到课下。比如可以让低年级的学生在课下观察生活中的工作岗位，要求高年级的学生根据自身的喜好搜集有关职业岗位的信息，进一步了解职业岗位。

同时，在课下，师生间、学生间可以交流讨论、相互学习，获取有关职业岗位的知识和技能。通过这些交流讨论，达到从小培养学生的认知能力，使学生了解各种职业岗位，感受"大社会"，理解"大社会"，学会尊重"大社会"，在生活中能够团结各类社会群体等目的。

系统、规范、有效的职业体验课程可以为学生提供更为广阔的个人发展空间。在专业教师的指导下，学生可以去体验不同的职业岗位，学习简单的职业技能，扮演各行业职业角色，进行自主职业体验。职业体验课程能够培养学生良好的职业理想，对学生渗透各职业岗位的职业道德，帮助学生规划自身的职业方向，满足每一个人自我价值的实现需求。我相信，每一位体验者在体验后，都会有很多收获，在面对未来职业规划与学业规划时，能做出自己正确的判断，这也是职业体验真正的意义。

谈素质拓展体验课程的设计、实施与收获

王淑芹

此次职教转型是配合首都核心功能区建设，疏解、疏散北京中心城区人口和改善北京市整体布局要求的一项重要举措，北京市中心区职业教育面临的巨大挑战便是职业转型，转向服务于所在区域中小学生社会实践活动。我校所在天永学区，针对学区内中小学的需要，在学校相关部门的组织和领导下通过反复论证和研讨，使素质拓展体验课程成为继"抖空竹"课程之后，开发的第二门体验课程，这门课程主要服务所在学区的中小学生。通过两年来的摸索和实践，素质拓展体验课程已经成为我校一门比较成熟的职业体验课程。

以下是我们团队在设计与实施中的具体情况。

一、课程的设计思路

素质拓展体验课程的设计是依据促进素质教育和贯彻新《体育与健康》大纲中倡导的"健康第一"的理念，基于体育教学的延伸，通过积极的团队活动形式完成拓展项目的任务，被越来越多的高校作为体育选修课引入课堂，而我们选取其中的一些项目开发成中小学体验课程，是尝试更是创新。通过实践证明：素质拓展体验课程是一项中小学生喜闻乐见而又能提升健康素养的体验课程。当初本课程的设计源于社会上流行多年的拓展训练，那么素质拓展究竟是什么呢？"拓展"顾名思义：拓，开辟、扩充；展，张开、舒展。拓展训练，又称为外展训练，即在传统的基础上向外延伸的知识和技能。以体验和分享为教学形式的素质拓展课程，首先让学生了解拓展的起源、特点和价值，然后让学生直接参与项目的整个过

程，在参与的同时，去完成一种体验，并进行及时的总结和反思，获得自身的体会与感悟，通过有效沟通达成共识，继续完成体验项目，在反复的练习体验中完成"整合团队，发掘个人的最大潜力"的目标，进而达到"磨炼意志、陶冶情操、完善人格、熔炼团队"的作用。

（一）素质拓展的项目设计

素质拓展是体验项目的总称，它分为多个不同的体验内容，根据中小学不同学段的要求，我们开设了几种不同的体验项目，分别是能量传输、不倒森林、无敌风火轮、摸石过河、同心鼓、穿越电网、七巧板等，其中，前四项的体验项目适合小学中段以上的学生体验，七巧板项目则适合小学低段学生体验，而同心鼓和穿越电网项目则适合初中学生的认知水平和技能要求。这些项目的特点是：①集体性综合活动项目，要求每名学生全身心地投入，团队共同完成任务；②个性的成长与发掘，要求团队中每个人发挥自身的力量和智慧，发掘自身潜能，配合团队共同完成任务。

素质拓展各项目采取分组活动形式，强调集体合作，要求学生努力完成个人的责任和使命，同时也要为集体争取荣誉。这些项目既安全，又能满足学生的好奇心，符合学生好动的心理，适宜在中小学中开展。

（二）素质拓展的价值

素质拓展的价值体现在两个方面：个人的发掘与成长，团队的打造与凝聚。

拓展项目对个人的价值表现在通过对该课程的体验，能够达到：①增强责任意识，如果一个人的责任感不强将影响整个项目任务的完成；②提高自我管理能力，发现自身潜能；③通过教师引导，启发想象力与创造性思维，提高学生发现问题、解决问题的能力；④加强学生团体凝聚力与归宿感意识。

拓展项目对团队的价值表现在通过该课程的体验，能够达到：①进一步明确团队目标，增强团队凝聚力，让每位成员都能认识到个人的成功源于团队中每个人的努力；②运用创新方法，提高团队执行力，形成积极向上的团队氛围，即形成在发现问题和解决问题的时候，大家积极开动脑筋，出主意、想办法，达成有效共识后去完成任务的团队氛围和效果；

③调动团队成员发挥主观能动性，利用团队管理办法和激励手段，使学生在各项活动中表现出更佳的状态与参与激情；④提升团队的整体影响力与感染力。

二、课程实施中的做法

（一）课程实施初期：钻研—实践—研讨

拓展对于我们从事20多年体育教学工作的教师来说也是一门新课程，了解不多，其中的规则、方法、教学意图都不是很清楚，我们首先从钻研教材入手（学校及时购买了相关书籍），采取分头自学、团队研讨等办法，反复学习、实践，共性的问题通过请专家听讲座，手把手指导，答疑解惑，思路才逐渐清晰，然后再去实践，总结提升。技术问题解决了，管理问题又出现了：小学生好动，自我约束能力弱，探索欲和好奇心强，认知差异、注意力集中时间短等都是遇到的新问题，还有组织实施中对小学生如何管理，对我们一直从事职业教育的教师来说都是新课题。摸着石头过河，深一脚浅一脚地走过来，这一路走来有艰辛的探索，更有收获的喜悦。在职业转型初期，我与体育组的教师们在学历课不减少的情况下，克服重重困难，最终把拓展体验课程开发出来、实施下去。

（二）实践中摸索，摸索中前行

素质拓展对于我们来说也是全新的体验，它酷似体育游戏，而又不同于体育教学中的游戏，并且与体育游戏区别很大。体育游戏的目的是单纯地以娱乐身心为载体，以提高身体素质为目标。而素质拓展是一种全新的体验方式，以开放、分享快乐体验作为其特色，是对正统教育的全面提炼和综合补充，需要在主讲教师的引导和带领下，以体验、经验分享为教学形式，设定一个特殊的环境，让学生直接参与整个教学过程，在参与的同时，进行自我反思和总结，获得感悟。那么就要求主讲教师不仅要熟悉各个项目的操作流程、体验方法、比赛规则，还需要有良好的观察和分析能力、表达能力及严谨的逻辑思维能力，起到引导、催化和提升的作用，通过整合提炼五步教学法，总结出体验、交流、分享的形式，让学生不仅把当前的拓展任务完成好，更要把拓展的收获应用到今后的学习和生活中，这也是这门课的意义所在。

三、课程体验后的收获

（一）单项体验收获

通过"不倒森林"体验，学生们认识到：从磨合到配合需要时间，要容许他人犯错，要增强包容与协作，要积极主动地完成个人工作等。

通过"无敌风火轮"体验，学生最大的收获就是：做事情要目标明确，大家要步调一致、齐心协力。

通过"能量传输"体验，学生懂得了要想完成团队任务，每个成员就要认真配合、及时补位。

通过"同心鼓"体验，大家一致认为：要心往一处想，劲往一处使。

（二）总体体验效果

经过一系列的体验，磨炼了学生克服困难的毅力，培养了学生健康的心理素质和积极进取的人生态度，增强了学生的团队合作意识。

增强兴趣，达到锻炼身心的目的，提高课堂满足感。

培养积极、乐观、坚持到底、永不放弃的态度。通过素质拓展使他们懂得了运用自己的智慧，借助团队的力量，乐观面对学习与生活的挑战。每个看似游戏的背后也隐含着极大的教育意义，让学生在快乐的参与中得到启发与感悟。

认识自身潜能，增强信心。素质拓展强调的是一种身心体验，突出参与者的心灵感受与自我教育，在发现问题与解决问题的讨论交流中，获得对自己的重新认识，进而增强自信心。

四、反思与建议

托尔斯泰曾经说过："成功的教学需要的不是强制，而是激发学生的兴趣。"素质拓展本身就是充满趣味性的运动文化，在繁重的课业负担下对拓展课乐趣的追求，是学生最大的学习动机。

（一）反思

素质拓展这种体验形式深受学生喜欢，要不断推陈出新，课上内容充实、练习形式丰富，不能一堂课一个内容练到底，教师要多动脑筋，及时调动学生的积极性。

体验人数不能过多，控制在 20 人以内，小孩子多动，注意力不集中，人多易给教师组织管理增加难度，不利于更好地开展教学。

风雨天气影响正常的体验，如果学校能提供室内场地将更加利于体验活动的顺利开展。

（二）建议

在天气条件好或者具备室外活动场地的情况下，多开展室外体育运动项目的体验。好动是孩子的天性，现在的中小学生室外活动时间非常有限，让学生充分享受运动的快乐比任何知识技能的体验对其身心发展更重要，应大力开发球类运动：篮球、足球、垒球、羽毛球、乒乓球等，体操类运动：舞蹈、健身操等，民族类运动：抖空竹、民族舞、毽球等。

开设新项目：如结合我国申办冬奥会成功以后，冰雪项目尤为火热，政府也积极倡导和扶持冰雪项目的形势而开展冰雪类项目，在财力物力上给予支持，我校借助现有的 200 米场地，改造后即可使用。

我国是个多民族国家，各地方的风土人情、民族体育丰富多彩，可以开发成体验课，不仅能锻炼身体，还可以了解少数民族文化，在当前大力提倡和弘扬传统文化的情况下，开发此课程很有必要。

强烈呼吁学校提供室外活动场地。

"急救与互救" 体验课程的设计与实施

王雪梅

在我们的生活中每时每刻都可能会发生一些意外！当意外在你身边发生时，你会自救吗？如果现场有人受伤，你会伸出援手进行施救吗？你懂急救知识吗？你知道应该如何进行急救吗？如果你还不清楚怎样进行自救与互救，就请参加北京现代职业学校的"急救与互救"体验课程吧！

综观世界范围内欧美日韩等发达国家和地区都在积极推行急救知识技能培训。我们的邻国日本是亚洲急救知识普及率最高的国家，课堂普及是日本的成功经验之一。在日本的中小学课程中，为不同年龄段的学生设立了不同的急救课程，从小学一年级开始贯彻整个学校教育阶段，在小学阶段设立逃生课，在中学阶段设立自救互救课，通过规范的授课普及急救知识和技能。目前我国的中小学乃至大学课程设置中都还没有这方面的内容，基于此，我们开发设计了"急救与互救"体验课程。

一、体验课程设计思路

体验课程目标

通过学习，使体验者了解人体的基本组成和结构功能，提高其健康意识，养成健康的生活习惯；掌握最基本的自救、互救知识和最关键的初级救生技能；增强其自救与互救的意识和反应能力，使其能在第一时间自救互救，从而提高体验者在灾害、意外事故和危重病发生时的应急能力。

体验课程内容

初级课程分4个单元。

第一单元：人体奥秘（2课时）

人体，可以说我们对它是最熟悉的，也可以说是最不熟悉的！因为体验者没有学过医学基础课程，所以我们设计第一单元是从介绍人体的基本组成开始，让体验者知道人是怎样从一个受精卵发育而成的；利用人体内脏模型让体验者了解人体主要内脏器官的形态结构、位置与功能，为后续学习奠定基础。

第二单元：测量血压（2 课时）

心脑血管疾病很常见，通过本次课的学习让体验者了解什么是血压及其正常值，高血压的标准，高血压病的诱因及防治原则。渗透健康教育，帮助体验者养成健康的生活习惯。学习怎样测量血压，掌握测量血压的技能。

第三单元：心肺复苏（2 课时）

介绍现场救护概念、黄金救护时间、第一目击者的含义，让体验者了解急救的目的和原则；掌握急救的基本知识；利用安妮模拟人、心肺复苏仪等急救设备练习，初步掌握心肺复苏技能，提高学生现场救护能力。

第四单元：创伤救护（2 课时）

介绍创伤救护的止血、包扎、固定、搬运等基本知识，利用急救包等急救设备练习创伤救护操作，增强体验者的急救技能，帮其树立安全意识、急救互救意识，同时弘扬红十字精神。

二、体验课程的实施

对不同的体验者制定不同的培训目标

近两年来参加"急救与互救"体验的主要是小学高年级、初中学生以及幼儿园、中小学教师，对学生和教师，我们提出了不同的培训目标。对于学生，要求其了解急救知识，掌握最基本的急救操作，熟悉突发事件和灾难发生时的呼救报警步骤，掌握正确的现场急救程序。对于教师，要求其熟练掌握各种现场救护操作技能，熟悉现场急救的呼救、急救程序，具有突发事件或灾难发生时组织指挥现场人员疏散的能力，可以进行现场救护，协助医疗人员运送伤员。

体验课程的培训方式

在"急救与互救"体验课程中我们采取理论与实践操作相结合的方法

进行急救知识与技能的培训。每次体验课三分之一的时间进行理论知识学习，三分之二的时间是动手操作，练习急救技能。在体验课教学过程中，我们采用：

1. 分层教学法

课前针对不同的体验者，我们制定不同的教学目标、不同的侧重点。比如，"认识人体主要内脏器官"这部分内容，对小学生主要介绍内脏器官的名称、位置，简单介绍功能；要求他们能正确说出器官的名称，能正确复原人体内脏模型。对中学生，除了介绍内脏器官的名称、位置，还会重点介绍各器官的结构和功能，要求中学生能正确说出主要内脏器官在人体中发挥的作用。对于教师，我们还会重点介绍各器官的常见疾病，使其能够对一些常见病有初步的判断。

2. 信息化教学法

每次体验课前我们都会精心制作多媒体课件。利用动画、视频等生动形象地讲解理论知识，演示急救操作动作、程序。例如，通过观看心肺复苏视频，体验者很快就能熟悉整个急救程序：①判断意识；②呼救帮助；③判断心跳、呼吸；④胸外按压（C）；⑤开放气道（A）；⑥人工呼吸（B）；⑦持续心肺复苏；⑧观察心肺复苏有效指征；⑨整理、记录。

3. 实践教学法

每次体验课，学员都要通过急救模型、救护器具等实际进行动手操作。在第一单元体验者要动手还原人体内脏模型，在第二单元体验者要利用血压计测量同伴的血压，在第三单元体验者会利用安妮模拟人、心肺复苏仪等急救设备练习心肺复苏的步骤和操作，在第四单元体验者要利用急救包等急救设备练习止血、包扎、固定、搬运等创伤救护操作。通过实际动手操作，能够加深体验者对急救知识的理解和掌握。

4. 情景式教学法

在体验课程教学中，我们一改单调、枯燥的传统培训模式，将现实中急救事件设计成"急救情景"案例，模拟急救现场，使体验者身临其境，感受急救氛围，主动参与到"急救事件"中。采取教师边讲解、边演示，同步视频演示与实际操作相结合的方式，充分利用安妮模拟人、心肺复苏仪、急救包等急救设备，让参加体验的学员反复练习急救操作。

三、反思与建议

（一）让更多的人走进"急救与互救"体验课堂

让警察、消防人员、驾驶员、社会志愿者乃至进城务工人员进行急救互救体验课程学习，提高自救互救意识，掌握急救知识与技能，意义会更大，效果会更好！

（二）加强后期复训和继续教育

美国曾报道，接受 CPR 普及培训完成的 6 个月后，仅剩少数受训者尚能进行有效的 CPR，而良好的 CPR 对抢救成功是至关重要的，需要每隔 1～2年复训一次。在体验课程中接受一次培训，已不能满足体验者的长期需求，因此，我们应建立"急救与互救"的复训和继续教育工作机制。

现在我国绝大部分人还没有急救救护和防灾自救的基本观念，在我看来这种观念的树立、急救与互救知识技能的培训应从小开始，并且应该定期反复培训、全民培训才会有更好的效果！急救知识和技能的普及是一项利国利民的工程，希望我们能为其贡献自己的一份儿力量，让更多的人掌握急救互救技能！

传承下的微创新

吴东红

一、体验课程开设的背景

今天，面对未来高考新政的实施，学生的选择能力从哪里来？教育部有关专家认为，大学生要判断所读专业是否适合自己，应该将工作做在前面，如在初高中开设职业生涯规划课程，甚至在小学开设职业体验活动，让学生从当下开始挖掘和培养未来的能力。

职业认知课程进小学课堂，渗透职业体验教育，引导小学生多渠道了解和体验不同专业及其职业特点，进行职业启蒙教育。初中生参加职业体验，为今后选择适合自己发展的专业和职业提供参考，初步培养职业意识，提升学生的生活技能、职业认知和创新能力。

为此，在东城教委的领导下，我结合学校金融专业的实训设备和学生就业的岗位群，以银行柜员岗位需求的点钞和小键盘操作两项技能为主，开设职业体验课程"银行柜员之小小技能手"。

二、体验课程设计的思路

课程设计包括两个层面：一个层面侧重于技术，包括课程设计者从事的一切活动，是对达成课程目标所需的各种因素、技术和程序进行构想、计划、选择的思维过程；另一个层面更为侧重具体设计前的调查研究和准备。

确定了开设课程的名称后，对于教室环境、体验设施、多媒体条件等，学校领导都会极力支持，还会主动出谋划策，但体验内容是需要教师自己仔细斟酌、精心设计的。在刚开始的摸索阶段，我分析了银行柜员岗位技能考核的项目，学习了中小学教学设计原则；分析了自身具备的专业技能水平，翻阅中小学生各学段的教材，了解中小学生的学习需要；分析了技能体验以"直观、实际操作为主"的教学特点；研究了各学段中小学生的动手实操能力和兴趣特点。按照职业体验课程的特点，拟定职业体验的目的和课程任务，为学生提供丰富多彩的学习发展环境，使学生能兴致盎然地投入到现实的、探索性的体验活动中来。

依据学校历年来教学改革的引领，凭借多年技能课教学实践经验的积累，在传承技能课程特点的基础上，我重新拆分、整合、建构课程知识，进行课程开发的微创新，开设了两个体验项目，运用项目教学法促使课程设计朝着体验活动方向转化。

（一）点钞技能项目体验

结合银行实拍录像，首先让孩子们了解银行柜员一天的工作内容和岗位技能考核要求，观察实训设备，了解银行专用工具（验钞机、验钞仪、扎把机）的使用方法，亲身体验银行专用工具的使用，从而初步了解柜员岗位；介绍货币的起源、产生，以及人民币的防伪知识和兑换知识，以小组的形式，组织学生用人工和机器两种方法进行假币鉴别练习，拓展生活常识；教师直观演示、讲解"单指单张""二指拨动""三指捻搓""四指挠痒痒""五指开扇面"等花式点钞方法，让学生伸出小手，在体验学习点钞的过程中，展现指尖上的精彩，并锻炼手眼脑的灵活性、协调性；我把任务驱动教学法渗透在职业体验课程中，手工清点一定数量的钞票后，再次使用验钞机以检验手工清点的准确性，按要求完成扎把，孩子们不仅带着兴趣参与体验，更重要的是在完成任务中，锻炼了相互合作的能力，初步认识到柜员所需的岗位素养和岗位技能。

（二）小键盘操作技术体验

从银行柜员快速准确地输入 19 位银行账号、18 位身份证号码、6 位以上密码等一长串数字的重要性，引出岗位技能所要求的小键盘操作技术；观看钢琴弹奏的手指动作，引导学生弯弯每一个小指头，按照手指分工的方法敲击计算器键位，让跃动的指尖在键盘上跳舞；按照岗位要求规范完成票据录入，完成银行代收水电气等各项费用的计算，初步理解小键盘操作技术的重要性；结合数学教材，复习人民币的单位以及换算方法，学习了解人民币不同币值的心算方法，学会计算各种币值的金额，会解决与钱币有关的数学问题，感悟数学与生活的联系；最后，进行清点钞券的张数和计算票币总金额两个项目的综合演练，圆满完成"银行小小技能手"的体验活动。

（三）体验课程设计基本思路

想自己搞一个新东西出来，或是设计一个新的项目，绝对是一个探索的过程，新的知识体系都由过去的知识结构做原型，而创新或许来自于微小的发现，你在一个点上摸索，改进的时间长了，自然就变成了新东西，也就能更新原来那个项目了，这样，我们就实现了传承后的微创新，本次课程体验设计正是这样一步步实现微创新的。

三、体验课程设计的落实和实施

衡量课程实施成功与否的基本标准是课程实施过程实现预定的课程计划的程度。实现程度高，则课程实施成功；实现程度低，则课程实施失败。真正的课程是教师与学生联合创造的教育经验，课程实施本质上是在具体教育情境中创造新的教育经验的过程，即有的课程计划只是供这个经验创造和产生过程选择的工具而已。

（一）教学内容的传承与微创新

我把曾经教过的课程"拿来"，但绝不是简单的复制，而是还原与重新构建，是传承后的创新。因为参与对象不同，课程内容是必须做加法或减法的，教学中的专业术语更应通俗易懂，贴近于中小学生的接受能力。比如，计算器算账表中的金额数据是很枯燥的，我重新设计了表格内容，让孩子们完成一个季度的水费、电费、燃气费、电话费等日常生活支出的总额计算，结合银行柜员岗位的工作内容，贴近学生们的生活实际，让他们在模拟情景中体验职业的魅力；再比如，点钞中的分组记数法，要重复10次，学生容易数乱，我就引导学生边唱"打老虎歌"，边数数。"一二三四五，上山打老虎……"唱完儿歌，就相当于数了20张。朗朗上口的儿歌，激增了孩子们点钞的热情，点钞过程伴随着阳光般灿烂的笑容。

还有许多创新的教学方法，例如，介绍货币知识时，给学生提供图文并茂的学案，增加假币鉴别和外币识别的小游戏；介绍票币算技能时，围绕小学数学教学内容，以钱币换算和计算来替换纯粹的票币算技能；录制慢动作的点钞动作，贴近小学生的接受水平等。

（二）充分利用现有网络资源，筛选整合教育资源

教学所需的网络视频和图片，完全符合教学需求是不可能的；能从网络上发现真正有价值的信息，也不是一蹴而就的。作为教师，在现代信息技术和研究性学习的课程整合方面是需要花大力气的，应充分考虑到视频的时间长短、声音大小和图像清晰程度，也要注意视频所呈现的内容等是否适应教学需要等问题。

最近《人民的名义》正在热播，该电视剧第二集特别安排了花式点钞的镜头，而且小说《人民的名义》涉及的反腐内容已出现在中高考的复习资料里了。我下载并截取了电视剧里有关反腐和点钞的镜头，了解花式点钞的种类和操作方法，理解点钞技能的学习意义，激发学生的学习兴趣。

（三）充分运用多媒体，优化体验课程教学

在儿童的学习世界里，快乐的感受是学习的情感基础，多媒体技术可以发挥形、声、色的优势，为学生的乐学起到更进一步的作用。

其实，计算器小键盘操作练习是很枯燥乏味的活动，它需要反复练习才能慢慢体会到准确敲击键盘的成功感受，为了营造轻松有趣的学习情景，就需要借助多媒体技术为课堂添情加趣。播放钢琴弹奏的录像，学生们听着美妙的钢琴曲走进体验室，欣赏钢琴琴键上十指飞舞的美妙画面，学生就会慢慢地感受到巧妙地运用手指按键是一种很有趣的事，也是一件很美妙的学习体验。这样，在轻松愉悦的情境下，激发学生对键盘的兴趣，他们就能自然而然地参与到敲击数字键的体验活动中来。

专业人员录制的各种节目中，音乐背景、场地气氛、表演者的功力等各种因素衬托下的舞台效果是绝妙的。即使有些孩子跟自己的父母学过数钱，当孩子们看到各种花式点钞的网络视频时，他们都会情不自禁地发出"哇！"的惊讶声。这样的场景犹如身临其境，一下子抓住了学生的心。于是，学生们均能认真倾听教师的讲解，仔细观摩教师的示范动作，以比较高涨的热情参与体验活动。时间不知不觉在跃动的指尖上流淌而过，当教师宣布活动结束时，孩子们依然沉浸其中，流连忘返。

我把一年来职业体验的教学概括为"传承下的微创新"，是指这是一种改良性、延续性的创新，创新的权重看似不大，但意义重大。其突出特点就是让枯燥的操作技能在轻松愉悦的情境下得到传授，符合了中小学生的生理特点；同时也按社会典型行业把岗位分类，浓缩聚集在体验活动中，让孩子们在体验中感悟职业特色，学习职业技能，提高动脑思考能力和动手实践能力，培养团队精神，提高创造力、社会责任意识等正能量储备值。

四、课后反思

（一）职业体验给学生带来的不仅是新奇的体验，也让他们在体验中获得了更深入的观察和思考，学会了团队合作与沟通，甚至带给了学生行为模式的改变。一次体验活动不能决定一个学生的未来，但它会打开学生的眼界，让他们的感知丰富起来，从而实现书本知识、浅显的社会经验与具体职业认知的融合。类似的职业体验过程，还能让学生了解真实的社会、真实的行业，结合自己的兴趣，加深对自我的了解，在将来的学业规划、职业规划上，就可以有更好的分析判断，更有可能获得幸福的人生。

（二）作为主讲教师，在传承与微创新的课程开发中，在得到领导支持和学生的认可时，自我也得到了提高。首先感谢领导的教诲以及听课小组的建议，2015 年 5 月，听课小组连续听我的体验课，提出了许多中肯有效的建议，我修改了 5 次教案，领导也把关了 5 次，我修改教案一般是在家里完成，但是领导们之间要达成统一意见，只能留在学校研讨，晚上下班后，寂静的校园里，依然有一盏灯亮着，我心里倍感歉意同时也充满温馨之感。

（三）职业体验课给职业教育带来了新的发展机遇，让教师发挥了特长，找到了展示自己风采的舞台，但同时也给教师带来了新的挑战，需要教育工作者共同努力，在实践中摸索前进，在坚守中成长。

　　"天高任鸟飞，海阔凭鱼跃"，感谢教委和学校为职教教师提供新的平台，我将以"破茧成蝶"的勇气和行动开拓体验课程的微创新之路。

如何做一名合格的职业人

——中小学生职业体验

吴桂英

职业教育重在职业素养的培养与培育。职业体验课程教学的主要目标是结合所教专业课程，面向中小学生开展职业体验活动。职业体验教学重在培养中小学生的生存、生活技能，让他们了解不同的职业对人才的需求，提高动手能力，普及对各种职业的认知知识。"小小收银员"体验课程是让中小学生学习和体验收银员每日的工作流程。使学生对超市收银员职业岗位有一个初步认知。在体验过程中，通过对收银员与顾客的角色扮演，实际操作收银机等设备，提高学生的沟通能力和动手操作能力，全方位体验如何做一名合格的职业人。

一、课程设计的思路

我的课程设计思路是，在职业体验课中体验职业，要突出"职业"二字，要融入职业操守教育，重视职业道德教育，绝不能单纯地体验技能操作。例如，在收银员体验项目中，不能认为学生有机会接触收银机等设备，学会了操作，就算完成体验。而要将做人做事的教育贯穿其中，先做人，后做事。中小学生职业体验重在体验，让学生在主动参与职业活动的过程中，了解职业工作环境，体会职业人的工作态度和工作方法。

（一）体验课课程名称设计

我根据超市收银员职业活动特点设想了许多名称，如"我会结账了""超市收银员""收银员工作体验"……最终我选定了"（我是）小小收银员"作为课程名称。它包含了三层含义：第一，工作岗位名称"收银员"；

第二，参加体验的中小学生年龄小，所以带有"小小"；第三，体现骄傲自豪感的"我是"。中小学生对收银员并不陌生，同家长一起去超市购物，直接或间接地与收银员打过交道，但是，他们从没想过自己也可以以收银员的身份，使用真正的收银机为顾客结账。这个名称可以直观地告诉学生，他们体验的职业是什么。

（二）体验课课程内容设计

超市收银工作具体体验内容包括以下几个方面：

1. 学习和体验超市收银员的服务礼仪。

2. 学习和体验超市收银设备的使用。

3. 学习人民币防伪知识及收银员发现疑似假币的处理方法。

4. 体验超市收银员每日的工作流程。

中小学生的特点是活泼好动、注意力集中时间短。因此课程内容既要符合职业特色，又要符合学生接受能力和兴趣点。需要做到：第一，讲述内容占时少，亲身体验占时多，动静结合。例如，演示和说明手动录入商品信息操作要点后，马上让学生动手体验。第二，与学生日常课堂学习内容有交集，有利于学生学习和计算能力的提升。例如，要求扮演顾客的学生根据其拥有的"现金"多少选定商品。不能超出所拥有"现金"的额度购物。学生作为顾客就要精打细算，以免出差错给本组扣分。

（三）体验课体验室设计

学校安排由我负责超市收银员体验室的整体搭建和教学工作。

1. 环境设备及物品准备

①展板的设计与安装。在 2015 年暑假期间，开始了超市收银员工作体验室的搭建工作。选址在南校 107 教室。7 月 20 日完成超市体验室的环境布置规划，并设计了 4 块超市展板，说明实验室功用及收银员工作流程。现挂于体验室室内。

②体验室设置了讲台、黑板、投影仪等教学设备。设置了 4 个收银员工位。收银员体验室设计容纳 20 名学生同时参与体验。学生分为 4 组，5 名学生共用一个工位。

③实验室配备了收银专用设备：收银操作台、收银机、货架、购物

车、模拟商品、练功券等。安装了收银教学软件。除了现金用练功券代替外，其他都是真实物品。

④超市销售商品的准备。由于资金紧张，超市商品主要来源于两个方面：一部分是从学校领取的学习用具（部分为学校的闲置物资）；另一部分是直接去市场购买的商品。购买来的商品自身有经销商的条码，因此，不能直接用于本超市实训操作。需要在实训系统后台进行所有商品的分类，编制打印条码，使销售的商品与收银机系统相匹配，才能完成本超市的收银流程。

商品上架前，要先进行本超市的标签设计、打印和粘贴。然后写好价签，码放于货架之上。

2．软硬件安装应用

收银系统软件主要包括以下两个方面内容。

①前台操作系统。主要功能是收银系统的进入与退出操作以及商品扫码结算操作。

②后台操作系统。主要功能是将所有在本超市销售的商品信息录入到每一台收银机中。

3．教学准备

编写了超市收银员系列教案，制作了PPT辅助教学。教案主要包括两个方面，一方面为收银员准备工作（如收银员上岗、离岗内容，收银员礼仪常识，钱币清点知识准备）及台面操作（开关机，练功券放入钱箱），另一方面为收银员基本功训练（包括交流用语、礼貌用语，点钞和假币识别）。

二、课程实施中的做法、收获

在经过了一个暑假的准备之后，我校的职业体验活动拉开了序幕。2015年9月14日，超市收银员工作体验室迎来了第一批体验者——天坛东里小学五年级1班的20名学生。这也是我运用专业知识和专业技能，第一次给小学生上实训课。到目前为止，已经上了3个学期的体验课，给我的感触很深。

（一）与平时教学相比有两个较大的不同

前来体验的中小学生来自不同的学校、不同的年级、不同的班级。各个学校的教育环境与教育方法有很大差异。对于体验的时间要求也不同。对我一节课的时间要求，最长的为一个半小时，最短的为半个小时。

前来体验的中小学生与我日常教学面对的教育对象（高中学生）不同，年龄相差太大。不仅如此，从小学二年级到初中二年级，他们的年龄跨度也很大。

面对这些孩子，我必须一边教学，一边摸索方法。看到那一张张稚气的笑脸，我知道他们内心有多渴望学到与平日不同的东西。要更加耐心地照顾他们的感受，让他们能够接受我这个大朋友，愿意与我沟通。

（二）具体授课中要注意做到以下几点

1. 尊重每一名学生，耐心倾听他们讲话，正确引导；让每一名到来的学生都能至少有一次身为收银员和顾客的体验。引导他们学会换位思考，尊重各行各业的劳动者。

2. 对平时在学校中不被重视的学生给予展示的机会；对有情绪的学生及时予以心理疏导；对操作失败心情懊恼的学生予以适当鼓励……

3. 根据不同的课程时间，围绕同一核心安排学习内容。尽管职业体验课着重培养学生的动手能力，但是，必要的职业职责、操作程序等还是要有所说明的。时间短的边讲程序边操作。时间充裕的，除了正常的体验外，还增加了劳动竞赛。

4. 教育学生不要仅仅把职业体验当作一次游戏，还要注意培养自己的公德意识（不乱动物品、不随便拿走超市的体验用品；今后去实际超市中要遵守秩序，不要因为使用过收银机而干扰收银员工作，体谅所有工作人员的辛苦）和职业操守，认真对待工作。希望他们回家对工作在不同工作岗位上的父母说声"辛苦了！"

（三）职业体验给中小学生带来的好处

1. 职业体验课堂是塑造良好品质的一个重要实训基地。不仅可以让学生明白如何做一个社会人，也能使其进一步明白如何做一个职业人，有利于学生职业素养的养成。

149

2. 通过对不同职业的体验，可以提高学生的动手能力。俗话说心灵手巧，多动手，勤动脑，手脑并用，学生的学习能力会得到很好的开发。

3. 体验活动有助于学生成长，开阔眼界。进行职业体验还可以让学生对未来职业进行规划。通过体验，使其了解自己的兴趣。这对其未来职业的选择会有所帮助。

4. 丰富多彩的体验活动是学生日常课堂学习的延伸。

三、反思与建议

需要提醒注意的是，千万不要认为，收银员工作体验就是会使用收银机收款这一项内容，它的体验内容是丰富的，还包括正确穿工服的着装体验，正确致欢迎词，与顾客沟通交流的体验，正确清点钞券的体验等。

要让前来体验的每一名学生有机会完成体验，注意分别对待。能独立完成的，让其自己完成并在自己完成体验后，帮助指导他人；不能独立完成的要指导其完成。

学生由于年龄小，彼此之间有时会相互指责或不停地打小报告，教师要及时调整，让他们的注意力集中到体验中。

总之，教授针对中小学生的职业体验课程，对于中等职业学校的教师来说是一个挑战。我们必须调整心态，静下心来，面对不同于日常教学的对象，不断地努力改变教学方法以适应他们的需求，做好教育服务工作。

体验职业乐趣　提升核心素养

胥令峰

随着京津冀一体化协同发展，中等职业学校的转型升级也成为必然，我校领导积极调整发展思路，顺应教育改革，关注学生核心素养培养的大趋势，依托自身专业优势、实训基地资源与各专业职业文化氛围，结合自身30余年职业教育理念，集思广益，凝聚智慧，提出了探索职业体验课程发展新思路的战略思想。在做好中职学历教育的同时，陆续开发出一批与行业岗位高度对接的职业体验课程，为中小学开展职业启蒙教育、体验职业乐趣、展望职业前景、规划职业生涯、提升核心素养提供了服务，在校领导的指导下，我主动作为，开发出了"我是小小消防员"职业体验课，受到选课学生的青睐。

一、课程开发和设计思路

(一) 课程开发的必要性

1. 生存技能的必要

在生活中，人们往往只有在面对火灾、水患等自然灾害的时候，才倍感生命的珍贵，也只有在这个时刻才意识到人类在浩瀚的宇宙中是极其渺小和脆弱的，几乎所有预防灾害的知识，无不是我们在无数人们失去生命以后，蘸着逝去者的鲜血写成的。然而在现实生活中，火灾等破坏性极大的安全事故，仍然反复发生，尤其是近几年来"小火亡人"事故频发，一个个鲜活而无辜的生命仍然被无情的火灾所吞噬。2016年，全国共接报火灾31.2万起，造成1582人死亡、1065人受伤，直接财产损失37.2亿元，相比财产损失而言，那些因葬身火海而流逝的生命，带给人们的打击和伤痛则更为强烈。因此珍惜生命，就要从重视消防开始，从我们的日常生活和工作中的点滴做起，加强消防安全意识，积极消灭火灾隐患以防止其滋生成巨大火灾，并且努力学习掌握一些火灾中自救、逃生的知识，避免自己和他人的生命安全遭受火灾侵袭。目前，关于消防安全，绝大多数单位都会采取每年请某防火中心人员进行一次消防知识讲座的培训方式，这种培训都是具有商业性质的行为，大多数是为了推销产品，以一些惨烈的画面为 PPT 课件的主要内容，给听众讲解逃离火场需要的器材，没有任何可体验操作的项目，所以即便是听课后，人们也掌握不了多少火灾预防和逃生的技能，只是徒增了对火灾的恐惧感。基于此，我主动作为，开发了"我是小小消防员"职业体验课程，受众群体以中小学生为主，兼顾了社区居民，课程内容以体验者的实际动手操作为主，从学生的兴趣点入手，在操作中学习，学生在动手操作的过程中，领略到包含在操作过程中的知识和能力，从而提升对消防安全的认知，培养学生面对火灾发生时的应对能力。

2. 落实核心素养的必要

学生发展核心素养是一套经过系统设计的具有育人目标框架的项目，其落实需要从整体上推动各教育环节的变革，今后，学生发展核心素养将成为教师课程设计的依据和出发点，引领和促进我们教师队伍的专业发展，帮助学生明确未来的发展方向。核心素养也将明确学生完成不同学段、不同年级、不同学科学习内容后应该达到的程度要求。开发"我是小小消防员"这门课程也是全面落实培养学生核心素养的必要条件。这门课程在落实核心素养文化基础、自主发展、社会参与三个方面均有所体现。文化基础方面主要体现在科学精神素养上，通过学习和体验培养学生崇尚真知的追求，帮助学生理解和掌握基本的科学原理和方法（比如掌握燃烧的三个条件和灭火的原理等），尊重事实，树立实证意识和严谨的求知态度，运用科学的思维方式认识事物、解决问题、指导行为等；自主发展方面主要体现在健康生活素养上，通过学习和体验培养学生珍爱生命、热爱生活的意识，帮助他们理解生命的意义和人生价值，提升安全意识与自我保护能力，养成健康文明的行为习惯和生活方式等；社会参与方面主要体现在实践创新素养上，通过学习和体验使学生尊重劳动，热爱劳动，具有积极的劳动态度和良好的劳动习惯，具有动手操作能力，掌握一定的劳动技能，在主动参加的家务劳动、生产劳动、公益活动和社会实践中，具有改进和创新劳动方式、提高劳动效率的意识，具有通过诚实合法的劳动创造成功生活的意识和行动力等。

（二）体验室的筹备建设

自 2015 年 6 月学校决定建设消防体验教室以来，我主动作为，想方设法尽快使项目落地，以迎接新学年开学后的学生体验课程。首先去往东城区消防中队进行调研协商，得到了东城区消防中队领导的大力支持，中队指导员亲自来校指导消防体验教室的环境和器材的布置，关于消防知识的授课内容和实际操作项目我自己有一定基础，但自身感受与教授学生还有一定的差距，所以整个暑假我基本上是在消防中队度过的，和战士们一起训练消防演习的内容，比如结绳练习，消防水带的快速展开，结绳逃生的快速下降，人员的急救抢救，等等。通过假期的学习和自己的不断训练，我对消防知识和火场逃生的技能已经熟练地掌握，并先后去往中国消防博物馆和大兴公共安全教育基地参观、学习、调研，吸取他们的亮点和长处，为建设消防体验教室、丰富课程内容、增加体验项目奠定了良好的基础，保证了新学期职业体验课程的顺利开展。

二、课程的实施

根据学生的不同学段进行了不同的教学单元设计，低学段学生主要学习有关消防安全的基本常识，体验简单的消防器材和进行简单的消防训练，如逃生结系法、拨打 119 报警、正确逃生、利用电子灭火器进行模拟灭火、试穿消防战斗服、通关设备终端的消防小游戏等；中高段学生主要学习消防安全知识的科学原理和逃生技能，体验各种消防器材和进行消防训练，如灭火器的正确使用方法、消火栓的使用、烟雾逃生、119 报警训练、快速打逃生结、快速穿戴消防战斗服等。在学习相关消防安全知识与体验使用各种消防器材中，了解消防员的日常工作，提升对消防安全的认知，从而提升学生的日常消防安全意识，培养火灾发生时的逃生技能和自救互救能力。消防体验教室于 2015 年 9 月投入使用，先后接待了景泰小学、天坛南里小学、天坛东里小学、一师附小、114 中学、50 中分校、11 中学、11 分校、培新小学、金台书院小学、115 中学、定安里小学、宝华里小学、革新里小学、板厂小学等 112 次 2000 余人次的职业体验，承担初中开放课程 32 节，共计 900 余人次，并迎接了各级领导的参观检查。在授课中，我坚持少讲多做的原则，保证每名学生亲自动手，亲自操作，都能学会所教的内容，从学生反馈的信息调查表看，所有来上职业体验的学生对消防体验项目都很感兴趣，他们喜欢亲自动手和实践，他们写道："这节课我学到了很多消防安全知识，知道了发生火灾时该怎么逃生，回家后要告诉自己的爸爸妈妈；今天亲自动手学会了打逃生结，还亲自使用了灭火器，学会了消防栓的正确连接和使用，就是时间太短了，希望有机会多来几次，烟雾逃生训练太有趣了。"还有的学生写道："今天我学到了火场逃生的知识和技能，以后遇到火灾，我可以救我的爸爸妈妈了。"通过学生反馈的信息调查表来看，本课程切实达到了以点带面的效果，通过学生学习传播从而达到提高整个家庭消防安全意识的目的。

2015 年 10 月底在北京市第 8 中学和北京市第 35 中学举行了初中开放性科学实践活动的研讨会，我承担了开放课程"逃离十万火急"。之后，"逃离十万火急"成了全市初中生热选的开放课程项目。课后，在接受记者采访过程中，所选课程为"逃离十万火急"的学生周永新说道："今天收获很大，不仅学到了关于火灾的基本常识，还学到了灭火必备器材的使用方法、火灾现场如何正确逃生等，课堂上所教的制作简易防烟面具也锻炼了我的动手实践能力，课程内容很接地气，日常生活中极有可能会用到，这次课程是一次难得而又不错的体验。"2016 年 11 月，我又承担了"灭火英雄"和"开火吧！电磁炮"初中开放性科学实践课程，这两门课均成为学生的热选课。课后，我注重翻阅学生的反馈意见表，了解他们对课程的真实意见，根据学生的反馈意见表，针对学生的需求，体验项目和体验内容得到了不断丰富。2016 年底，先后增加了"119 模拟报警系统""电子灭火系统""模拟油锅起火灭火系统""烟雾逃生帐篷"等受学生欢迎的体验课程。针对小学生身高差异定做了 8 套未成年人不同尺寸的消防战斗服，适应各年龄阶段学生的试穿体验。

三、反思与建议

两年来，通过对职业体验课程的讲授和钻研，积累了一定的教学经验，课程内容也日趋完善，学生通过职业体验活动感受了职场环境，掌握了基本的消防安全常识和逃生技能，树立了正确的劳动价值观，并从中获得了幸福与快乐。职业体验和开放课程是新生的事物，但我们不是封闭型的"会员俱乐部"，而是社会广泛参与的"开放式的朋友圈"，希望得到社会各方面的指导和支持，其间青少院领导和合作校小学校长就职业体验课和小学生如何进行教学来我校做了专题讲座，今年3月份又观摩了其他学校职业体验的展示课，通过这种"请进来""走出去"的模式不断提升我们课程的质量。在以后的工作中，我们消防安全职业体验课的团队一定紧密团结在学校党总支的周围，努力学习，不断进取，整理好第一手资料，使职业体验课程不断丰富，体验项目不断完善，开放课程不断更新，加速与中小学课程的融合，实现送课下校的目标，引导学生感知社会，认识真实的工作岗位，培养他们的职业意识，帮助他们认识自我，进而发现并发展自己的兴趣、特长、潜能，促进学生的态度从不定向的被动选择到定向的主动选择的转换，最后实现自我教育、自我发展，践行和培育学生的社会主义核心价值观，切实全面提升他们的核心素养。

走进"人体的奥秘"

——认识生命，珍爱生命

张凤清

"人体的奥秘"是根据医学基础课程衍生出来的一门实践性课程。课程既普及人体知识、急救常识，学习基本的急救技能，又渗透红十字精神。让学生在认识生命、欣赏生命的同时，更加懂得尊重生命、珍惜生命。

一、课程设计

本课程围绕我们是怎么从一个小细胞长大成人的，人的身体又是由什么组成的，人体遇到意外伤害时我们该如何处理等问题展开，让学生能快速走进"人体的奥秘"。通过那些精妙的三维立体模型去发现人体主要内脏的位置及人体骨骼的构成和功能，探索食物的消化过程，观察血液在体内循环的方式，知道一些基本的急救常识和急救技能……了解不可思议的人体。来到人体奥秘的课堂，让学生在"认识自己"的同时获得终身受益的知识！

二、课程内容

第一单元"认识我们的内脏"，两课时。通过视频和讲解让学生了解人体构成，再通过教师讲解和学生亲自实践探索人体主要内脏位置的分布，了解各内脏功能，最后学生通过对人体内脏名称的填写和给身边人养成良好生活习惯的建议，加深课堂学习效果，加强学生敬重生命、关爱生命的意识。

第二单元"测量血压"，两课时。讲解血压基本知识，了解高血压的危害和预防，通过演示和学生操作，让学生初步掌握测量血压技能，培养学生良好的生活习惯和健康的生活理念。

第三单元"心肺复苏"，两课时。通过讲解让学生了解基础心肺复苏的前提和条件、基础心肺复苏的步骤、人工呼吸和胸外心脏按压的原则及方法、停止基础心肺复苏的条件，以及发生淹溺、电击、窒息时实施心肺复苏的原则和注意事项，帮助学生了解在哪些情况下对伤病者实施心肺复苏，通过演示讲解和学生动手体验，使学生正确掌握心肺复苏的操作技术。最后通过学生操作过程的自评和互评，强化学习效果，树立安全意识、急救互救意识，形成珍爱生命、弘扬红十字精神的积极情感。

第四单元"创伤救护"，两课时。通过讲解，让学生了解急救互救原则和基本的急救知识及急救物品，通过演示和学生动手操作，让学生初步掌握止血、包扎、固定、搬运的技能。增强正确的自救互救理念和提高正确的急救技能，了解急救员的工作内容，体会急救员的职业要求和内涵。

三、课程评价

课程主要是围绕观察和体验活动开展探究式学习。以小组合作为主要形式，充分发挥学生的主体作用，教师的指导作用。以教师的评价语言鼓励、唤醒、激励学生积极参与探究活动。

本课的评价方式主要有三种，一是通过学生的体验活动及竞赛和填图，在激发学生学习兴趣的同时，还提高了学生的动手能力，强化了团队协作精神，也让教师及时了解学生对知识的掌握情况。二是通过学生操作和展示中的自评互评，激发学生的自主学习愿望和积极进取精神。三是通过填写体验课收获和反馈建议，让学生进一步深刻领悟体验内容，同时，培养了学生善于总结和思考的能力，也能让教师根据反馈表及时查找和改进教学的不足，满足学生的求知愿望。

四、课程反思

本教学设计主要是针对中小学职业体验，需要更多的实践和探究，所以充分发挥了信息技术教学的优势，通过图文并茂的图片和视频的链接，在激发学生学习热情的同时，更容易培养学生的观察和思考能力，提高学生对人体奥秘的探究意识。信息教学过程的直观灵动，有利于实践和体验，更能够加深学生对人体内脏的了解和认识，通过动手填写和复原人体内脏器官，充分体验作为未来医务工作者的使命感和神圣性。在教学过程中，不再像以往那样简单地灌输概念，而是更多地让学生观察、思考和体验，再加上信息技术的运用，让学生在轻松、平等的氛围下探究知识，培养学生理论联系实际的能力，增强学生的独立意识和团队协作意识。同时，教学中还渗透德育教育，培养学生良好的品质。

五、收获与建议

体验课带给我们的收获是颇多的，但纵观体验课整个过程，我觉得需要改进的地方也有很多，比如课程内容如何根据不同年龄进行差异化设计，还有体验活动和体验设施如何根据不同人群而有不同侧重，再就是针对急救互救的培训是否应该建立复训机制等，只有不断地进行反思，才能不断地完善思路，最终才能有所悟、有所长。

孩子们虽然不可能凭借几次体验活动学到全部知识，但体验活动能在潜移默化中提升孩子对于职业的认知，有助于孩子将来形成更理性的职业规划，这种教育是课堂不能完成的。

"中小学职业体验"的精彩上演给学校和教师带来了新的发展机会，但同时也给教育教学管理带来了新的挑战，这需要我们共同努力，改变思想观念，学习如何适应新的发展，更好地教育学生，热情服务于学生，在实践中不断创新，不断前进。

聚焦核心素养 传承传统文化

张 祺

在职业教育迎来改革的今天，本着终身学习的宗旨，作为一名语文教师，我意识到必须探索一条新的出路，将已有专业知识与新的知识有机结合，寻求一条新的适合不同年龄段学生学习的途径。感谢学校，给教师们提供了这样一个舞台，让我们能在新的形势下，继续为教育事业奉献光和热。通过这次教学转型实验，我对教育技术能力有了更清晰的认识和更深刻的理解，教学技术理论水平和运用能力得到了一定程度的提高。现将学习收获和体会总结如下，希望能跟大家一起分享。

一、课程设计的背景

我国是历史悠久的文明古国，文化博大精深，作为华夏儿女，如何将这些文化精华进行有效的传承和发扬，是我们每一名中华儿女身上担负的责任。作为一名教育者，我们的责任不仅于此，更需要遵循教育规律、运用教育方法，采取学生更喜闻乐见的教育手段让他们想学习、爱学习，主动成为文化的传播者，那么他们就必须首先成为文化的实践者。此时，又恰逢职业学校转型，我们面临的既是一条新路，需要披荆斩棘，又是一次机遇，需要全身心投入。在这样一个大环境下，学校为职业教育的发展，为教师们的前途谋求了新的发展方向——职业体验课，我便踏浪扬帆与学校共同远航。在学校领导的关心爱护下，在同事们的支持下我思考是否可以把语文专业背景、茶艺专业背景、教育专业背景相结合，开设一门将中国传统优秀文化、茶与宗教文化、风俗民情、冲泡艺术等进行有机结合的课程，旨在通过学生的亲身体验，了解茶艺师岗位的要求，实践茶艺职业，成为传播中华民族传统文化的实践者和传播者，为中国茶文化及中国传统文化发扬光大尽我的绵薄之力。这样以了解茶文化、习得茶礼仪、体验茶冲泡为目标的"茶韵飘香"体验课就诞生了。

二、课程设计思路与实施

既然是职业体验课，就要让学习主体以体验职业为主，通过体验，收获知识并且开始关注某一领域或者开始思考个人未来的职业规划。基于以上目的，我将我校职业体验课程之———"茶韵飘香"设计为以茶文化为核心，以茶的冲泡为基础，以传播中国传统文化和风俗，潜移默化地培养学生的礼仪素养为目标的，与茶艺师工作岗位相关的职业体验课程。课程涉及三个学段，分别是小学中年级段、小学高年级段和初中段，课程内容涉及中国茶发展的历史以及茶礼、茶文化、茶故事的文学作品赏析，中国茶文化和茶器的品鉴与赏玩，六大茶类的赏鉴与品饮等内容，课程内容寓教于乐，修身养性，让学生在体验中品味我国文化的博大精深，在了解后产生兴趣，用兴趣做最好的教师，带领学生走进茶的世界，做一个"腹有诗书气自华"的茶人。

体验课程在我国还处在尝试阶段，在课程进行当中自然会遇到一些困难，虽然有茶专业的一些背景知识，知识体系也相对系统，但是如何将这一领域发展成为被未成年人喜爱的课程，尚需要不断实践。通过实践的摸索和对知识、技能的系统梳理，我发现主题单元设计在职业体验课教学中可以大大优化课程效果。以一个主题来进行单元规划，可以很好地兼顾课程整体目标和课程结构，更有利于整合本单元的教学内容，加强专题之间的联系，使教学内容更具优化和逻辑性，比如说在茶艺体验课程中，把同茶类作为一个主题单元教学，将其视为一个整体，通盘考虑教与学、技能与体验、感受与分享的具体内容和方法，大大提高课堂教学的效率。

通过一段时间的职业体验课程实践，我发现在职业体验课程中，信息技术手段的应用和体验内容的设定都是非常重要的环节。例如在"茶韵飘香"体验课中，信息技术手段的应用可以将课下实际生产的制茶环节真实地呈现在学生面前，未成年学生感性认识更强，这样做可以提升他们的感性认识，使他们更加了解所体验的行业内容。体验内容的设定既要讲求其安全性又要考虑到可操作性和吸引力，在"茶韵飘香"每个单元的体验环节，我都尽可能调动学生的眼、耳、鼻、口、手各个器官，充分发挥其主观能动性，让学生的视觉、听觉、嗅觉、味觉、触觉都得到其应有的锻炼，不仅学习茶叶知识、体验冲泡技术，还能开发智力，使身体各器官通过锻炼更加协调、优美。通过走进茶的世界，做一个技艺娴熟、举止优雅、胸怀宽广的茶人。

三、课程反思

"茶韵飘香"体验课程开课以来，我一直在不断地学习与摸索，进行尝试而后反思，过去我们进行学历教育评价重在结果，而现在转战到体验课堂，教学评价要转向重过程，关注学生群体或个体的学习交往情况，关注学生个体在学习过程中自身的发展和变化。通过多角度评价和综合评价，使学生由被动等待转向主动参与发展，做到自我调控、自我更新、自我认识、自我判断、自我反思、自我改进，让他们通过一个职业的体验，或者发现自己的兴趣点，或者思考自己的优势并加以开发，或者对自己未来的职业进行规划，从而促进每一名学生的发展。

知识是无止境的，职业是无边界的，我会用一颗热爱学生的心、一腔热爱职业教育的热情做好我的工作，做学生学习知识、锤炼品格、创新思维、奉献祖国的引路人。

在实践中前行 在转型中创新

张　维

自 2015 年开始，在学校转型工作的带动下，我主动参与中小学职业体验课的开发和实施工作，开发"手把手教你开网店""潜能激发 PPT 设计"两门课程，参与开发"跳舞的字符"课程。其中"手把手教你开网店"经过区、校组织的 5 轮修改，进行了 4 个学期的实践教学；"潜能激发 PPT 设计"经历了 1 个学期的前期开发和设计，已经进行了 1 个学期的实践教学；"跳舞的字符"还在进一步开发和设计中。

一、手把手教你开网店

2015 年全国"两会"期间，国务院政府工作报告首次提出"'互联网＋'行动计划"，"互联网＋"第一次被纳入国家经济顶层设计，对于整个互联网行业乃至中国经济社会的创新发展意义重大。随着国家"互联网＋"行动计划的实施，电子商务被推上了一个新的发展高峰，人们的生活、学习、工作无不与互联网和电子商务紧密相关。中国电子商务研究中心发布的《小学生互联网使用行为调研报告》中指出，约八成的小学生 9 岁前开始接触互联网，有的甚至更小年龄就接触互联网。由此可见，在大环境的带动下，对互联网和电子商务的认识年龄层次也在逐步降低。通过调查发现，中小学生对电子商务的兴趣很高，但认识不多，对互联网的认识有的是由于家长在网上开店，有的是由于经常看到家长在网上购物，多数都与网上营销有关。由此，我结合电子商务专业课程（见图 1），开发了中小学职业体验课"手把手教你开网店"（见图 2）。

图1 电子商务专业课程登录页面

图2 中小学职业体验课页面

（一）课程设计思路

我所设计的职业体验课程"手把手教你开网店"，基于电子商务专业课程，采用国家职业资格电子商务师模拟教学平台开展实践教学（见图3）。该课程适用于小学3～6年级、初中1～2年级。本课采用简单、实际的方法让学生了解电子商务行业，知道电子商务的相关知识，认识网上经营模式，体验网上开店的流程。通过电子商务模拟实训平台组织教学，让学生在平台上动手操作，模拟网店经营。参与学生通过观看教师演示，在教师指导下分组实践，小学3～5年级能够认识网店、了解电子商务基本知识、尝试使用网上银行，体验网上购物的过程，初步搭建网店结构；6年级和初中1～2年级在3～5年级的基础上能够进一步完成搭建网店、设计

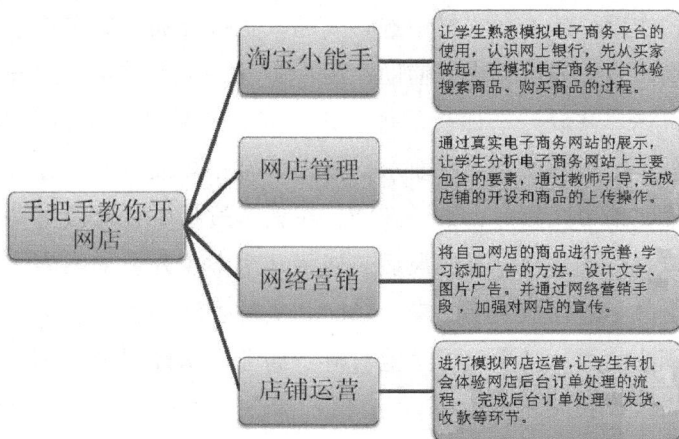

图3 实践教学

163

结构、选择商品、构思广告并开展网上经营。该课程有助于培养学生学会学习的能力，在"互联网＋"的趋势下增强学生的信息意识。本课程的开展由学校提供实训基地和模拟电子商务环境。

（二）课程实施过程

本课程从筹备到正式开课经历了 5 轮修改过程，准备教学内容 8 课时，自开课以来接待学龄从小学 3 年级至初中 2 年级的学生近千人次，涉及学校包括 114 中学、11 中学、50 中分校、115 中学、定安里小学、一师附小、革新里小学、培新小学、精忠街小学、崇文小学、宝华里小学等。

在具体的教学实践中，我将教学过程设计为：互动环节、引入环节、实践环节和评价环节 4 个部分。

以"网上开店"一课为例：在互动环节，我通过联系日常生活与学生交流，了解学生对计算机的掌握程度和对电子商务的认识，对计算机基础操作有问题的学生进行指导，同时与学生增进感情，让学生快速熟悉学习环境。在引入环节（见图4），我通过淘宝、京东等知名电商网站，引导学生认识电子商务网站，抓住电子商务网站的重要组成部分，并激发学生自己开设网上商城的兴趣和积极性。在实践环节（见图5），我引导学生在电子商务模拟实训平台上选择网店模板、认识 LOGO、BANNER，理解他们在网店中的作用。接着在素材中选择商品，上传商品，制定价格，开动脑筋设计网络广告，通过助教的辅助，逐步实现一个完整网店的开设，从而达到教学目标。在设计本课程的评价环节时，我将其贯穿整个教学过程，在互动部分，由教师讲清上课要求，根据学生年龄段特点，分班记录表扬名单，课后交给带队教师，给予鼓励。在教学过程中，对做得又快又好的学生提出口头表扬。在课程的最后，展示几个学生开设的网店，进行全班表扬。整个教学过程从生活中来，又回到实际生活中去，既培养了学生的电子商务职业能力，又顺应了学生对电子商务的认知兴趣，参与的学生均反映兴趣高，收获大。

图4 引入环节

图5 实践环节

（三）课后反思

1. 学生反馈

在学校统一管理下，体验课程设计了学生个人调查表（见图6、图7），用于实时反馈课程的效果，及时进行修改。在每次课的最后5分钟，将调查表发给学生自主填写，选择是否对课程感兴趣，填写原因，并给出建议，再由教师进行汇总。

在众多的学生反馈中，摘录如下：

（1）上课质量比平时在学校提高很多（初中）。

（2）教学有趣，视野丰富，对以后的发展有助（初中）。

（3）学到了很多知识，知道如何开网店，设计广告商标，如何上传商品，很好玩（小学六年级）。

（4）当了一回淘主，很开心（小学六年级）。

（5）很想自己开网店，觉得很有趣（初中）。

（6）觉得这种课很有意义，学到了很多课外知识（小学六年级）。

（7）从来没接触过网店，可以尝试，很新奇（小学六年级）。

（8）让我们在玩中学，动脑子写广告词，很有成就感（小学六年级）。

学生的建议：

能多参加这类课程或者将课程的时间加长，希望能将自己的东西拿到网店上来销售。

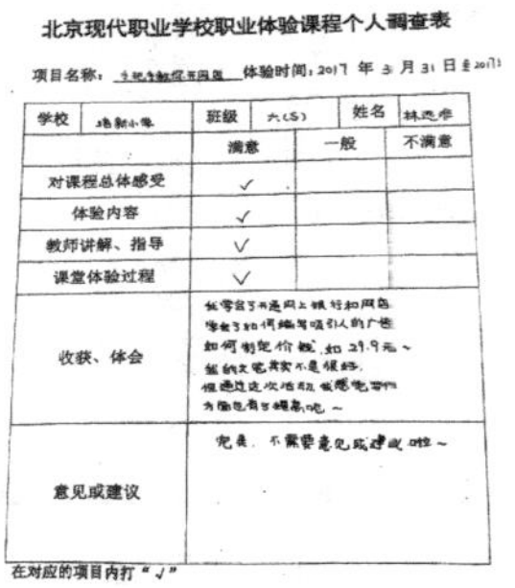

图6 个人调查表图示（一）

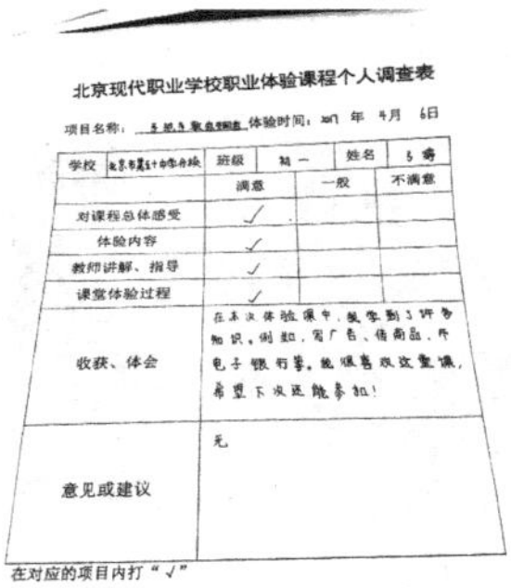

图7 个人调查表图示（二）

2. 我的反思

本课程并不是纯粹以玩为主的课程，学生通过活动可以获得电子商务中的一些基本知识和方法，这对于教师的要求也就不一样了，除了主讲教师，助教也要熟悉整个系统的运作、教学内容，以及一些方法和知识，才能完成好整个教学活动。对于授课对象来说，目前根据学龄特点安排了两个内容，随着学生年级的变化，可能同一个学生还会再次体验，针对此问题，我打算以后准备交易平台的教学内容，除了学会开店，让学生也熟悉店铺运营的过程，并且，可以和电子商务专业客服、物流等已有的专业实训相结合，将整个电子商务职业渗透给学生，同时也将已有的实训基地的使用率最大化。

二、潜能激发 PPT 设计

本课程设计开发基于一定的调查，根据多个小学中段学生及家长的调查发现，他们在常规学习中有时需要用 PPT 制作电子作业上交，但是这个阶段的学生信息技术课很少或者没有，少数学生动手能力强，可以自己探索完成，绝大多数学生需要依靠家长帮助完成。

本课程通过丰富多彩的 PPT 演示文稿实例，让学生了解演示文稿设计的用途；同时利用丰富的素材，供学生体验设计多种题材演示文稿的乐趣，从而具备初步的演示文稿设计和制作基础。结合中国学生发展核心素养的内涵，使学生具有数字化生存能力，主动适应"互联网＋"等社会信息化发展趋势，并在学习的过程中形成发现、感知、欣赏、评价美的意识和基本能力。

本课程的教学内容设计从学生的学龄特点和需求出发，选择学生感兴趣的素材（见图 8、图 9）作为教学素材，可以极大地激发学生的学习兴趣。PPT 作为一个最简单的交互式电子文稿设计工具，虽然不是专业软件，但可以生动美观地体现所展现的内容，在生活、学习中均有很高的利用率，是值得学生掌握的信息技术基础工具。本课在设计时，制定了 4 个教学单元，每个教学单元都相对独立，都有完整的学习成果呈现，学生在学习过程中，如果仅仅是学了一个单元，也能掌握制作 PPT 的基本方法，如果学满了 4 个单元则对 PPT 的设计和制作都会有一定程度的认识。因此，在安排学生选课的时候，也提供了很大的便利性。

图 8　PPT 设计素材（一）　　　图 9　PPT 设计素材（二）

经过近一个学期的实践教学，收到了很好的反馈（见图 10、图 11），学生均反映收获很大，对学习和生活都有很大的帮助。

图 10　调查表反馈（一）　　　图 11　调查表反馈（二）

科学设计培训课程　精准培训落到实处

吴　峥

教师培训是教师专业化发展不可或缺的重要手段。职业学校在转型中依托实训教学资源的优势，发挥专业骨干教师能力，开发了信息素养类、人文素养、艺术素养、学科素养等13门课程，如何结合教师发展需求和核心素养、中小学改革设计教师培训课程、提升教师培训效益是提高培训质量的关键。在此结合我校在转型中开展教师培训工作的一些做法，谈谈体会感悟。

教师培训课程开发前我们教师进行了实际走访与调研，根据学区内教师的需求，在教师培训中我们把实践放在第一位，秉持实践取向的培训理念与立场，充分发挥实践在教师专业发展中的根本性作用，进而提高培训的针对性。我们把中、小、幼教师培训课程的目标确定为：帮助教师提升信息技术应用能力和数据分析能力；结合中华传统文化培养教师开发校本课程的能力；结合核心素养拓宽学科综合知识，提升实践智慧促进教师专业发展。依据中、小、幼课改精神，结合教师的需求：一是知识取向，即通过培训丰富学科知识、教育理论知识的储备，设计了"带你认识不一样的汉字""财商素养在教学中的渗透""拿什么拯救我的脏腑——中医对人体脏腑的诠释"等课程；二是技能取向，即通过培训提高教师的数据分析能力和信息技术应用能力，设计了"统计在教育教学中的应用""又快又好用 Word 搞定工作文档""又快又好打造说服力幻灯片""制作视频教学资源"等课程；三是能力取向，即通过培训提升教师实践智慧，增强校本课程开发的工作能力，开发了"福禄齐来——葫芦绘画及工艺制作""指尖上的中国情'结'——带您走进中国结艺与制作"相关课程。课程设计中教师们遵循以下原则：

一、学科视角

培训的目的在于把人类积累下来的文化科学知识传递给学习者，而这些知识的精华就包含在各门学科里。将中、小、幼学科知识点作为课程设计的视角，强调对课程内容的丰富与拓展。遵循维果茨基的"最邻近发展区"理论，建立一个以学科为主线的内容框架，通过内容框架把参训教师的学习引向深入。以这样的视角和思路设计的培训课程能使参训教师最有效、最经济地构建起自己的知识体系，拓宽知识视野，丰富教学内容，促进教学改革。比如，"指尖上的中国情'结'——带您走进中国结艺与制作"设计了"结绳计数，数学起源"，从"河图洛书"的神话传说，到数学的诞生；从远古时代人类只识"多"与"少"，到用绳结计数，单结与群结、基础结与组合结都体现着数学之美（对称、平衡）与小学数学的有机结合；设计的"红楼络子，结绳配色"介绍名著《红楼梦》中出现的结绳片段，了解古人编络子的艺术修养，感受中国结颜色之丰富，寓意之深刻与语文教学有机结合。又如"带你认识不一样的汉字"一课通过介绍汉字起源和造字法，讲授识字方法，分析当下识字的误区，探究字理与识字法的意义。从浅显的"七字根"入手，分门别类讲授天文、地理、动植物、人体、器物、符号等相关汉字的字理，探究识字的一般规律，探寻汉字的内在规律。带领学习者一起感受中国语言文字的博大精深。促进教师的专业发展，提高语言应用能力，规范教师汉字认读及书写，结合学科特点，将不同分类的汉字引入课堂，将传统文化教育渗透在各科的教学过程中。在培训中我们也发现培训中心存在一些问题，其一，每个受训教师具有不同的知识构成，不同学科教师的知识结构和知识内容也许相同也许不同，教师培训课程的设计结构，横向上应参考教师知识的结构，纵向上应参考教师专业发展阶段的特征。其二，要恰当考虑学习者的需要、兴趣和经验，避免被动学习。

二、需求视角

注重对中小学教师进行需求分析，并据此设计有针对性的课程。如信息素养类课程的设计，就是依据成人学习者大多是带着职业的实际需要和工作中要解决的问题而进入学习的，他们要求针对性强的学习内容，要求所学内容与他们的工作实际相关，并且能够学以致用。比如"又快又好地用 Word 搞定工作文档""又快又好地打造说服力幻灯片""制作视频教学资源"等信息素养类培训课程，是围绕各种信息处理技术设计高效的教学，完成日常工作而展开的培训。涉及教学资源开发、教学软件利用和微课制作等教育教学应用的内容，其目的是通过技术培训提高教师快捷、准确应用信息技术，运用新颖、先进的多媒体信息技术，可以在知识的抽象性和学生思维的形象性之间架起一座桥梁，打破时间、空间上的限制，能够清楚地看到事物发展的全过程，化静为动，化繁为简，化虚为实，使枯燥的知识趣味化，抽象的语言形象化，深奥的道理具体化，优化课堂结构，改革旧的教育教学方式方法，以提高中小学教师的可持续发展能力，满足中、小、幼教师在教学中信息素养的现实需求。需要注意的是，成人学习者都是带着个人的生活经验和工作经验进入学习的，这些经验既是成人学习的基础，也是非常宝贵的学习资源。课程内容强调学习者需要、感兴趣的知识体系，充分利用参训教师已有的基础开发课程内容，促进他们的学习。

三、问题视角

培训解决参训教师所面临的现实问题，是课程设计的初衷。如《统计在教育教学中的应用课程》设计以中小学教师的工作需要为线索，基于中小学教师实际的教育教学工作，用数据分析问题揭示蕴含在教育教学现象中的规律，将统计理论与方法应用到教育教学领域，用统计的思想看待教育教学中的现象。通过搜集数据、整理数据、分析数据和推理判断，找出解决问题的方法。在分类整理教育教学的数据时，把学生出勤、内务管理、教学评比、实践课考核等各方面的数据用柱状图、线状图、饼状图以及各种对比的图表进行形象的描述。这样可以直观、形象地表达数据反映的教育教学中的问题。使中小学教师在论文、报告中有效地运用数据，取得了令人满意的工作效果。

目前开展的教师培训课程涉及领域主要有：人文素养、艺术素养、学科素养、信息素养等课程。在开展教师培训工作中，学校不仅关注培训者的教，更关注学员的学，以问题为中心，以案例为载体，以参与为主要方式，科学整合学与教，谋求学员学得主动、学得轻松、学得扎实、学得有效，把精准培训落到实处。

（一）分类、分层开设培训课程

分类就是根据教师所在学校的类型，比如幼儿园、小学、初中、高中等，不同类型的学校具体情况不一样，教师所面临的教育教学环境、学校文化、教育教学任务和问题不一样，所以培训需求也不一样，因此信息技术类课程根据教师程度不同，设计内容也不同。既有零基础的课程又有能力拔高的课程。分层主要是根据中小学教师的专业水平和能力划分，在不同的专业发展阶段，教师所具有的知识、能力、经验、阅历等都不一样，工作中面临的主要问题和主要矛盾也不同，培训的课程也就有所不同。比如针对小学、幼儿园实际的"福禄齐来——葫芦绘画及工艺制作""指尖上的中国情'结'——带您走进中国结艺与制作"就是结合幼儿动手、数学的起源知识而开设的课程，而"统计在教育教学中的应用"就是结合学校中科研教师的经验而开设的课程。

（二）根据共性与个性需求开设课程

中小学教师有基本相同的需求，也是教师培训中的共性需求。因此开设信息素养类课程，就是满足教师共性需求而开设的课程。个性则是由学校的、教师的特殊性所产生的需求，比如给幼儿园教师量身定制了"福禄齐来——葫芦绘画及工艺制作"课程，达到开发校本课程、弘扬传统文化的目的；结合中医药传统文化进校园开设了"拿什么拯救我的脏腑——中医对人体脏腑的诠释"，使学习者在中小学生中弘扬中医药文化知识，在中小学生中形成"信中医、爱中医、用中医"的浓厚氛围。共性与个性兼顾，很好地满足了教师的需求。

（三）课程评价采用多元评价方式

合理有效的评价体系是激发被培训者参与培训的积极性、提高培训质量以及及时反馈与调控培训过程的有效途径。除培训机构作为评价主体外，可充分调动被培训者参与到评价之中，采用教师评价、参训学员评价以及小组评价相结合的多元化的评价方式。在评价机制上，采用形成性评价与过程性评价相结合的方式，尤其重视过程性评价的监督与反馈功能；形成性评价采用传统的课程考核的方式，但应减少记忆性内容的考核，主要以开放式的题型或项目测试被培训者对信息技术基础知识和基本操作技能的掌握情况；过程性评价环节中，重视对被培训者在完成培训过程中各类行为的观察与考核，如完成作品的质量、小组协作学习中个体的行为表现及对小组的贡献、与培训教师及其他被培训者的交流状况、信息资源的搜寻与处理能力等。

总之，依据教育改革的方针、政策，结合教师的实际需求，科学合理地设计培训课程，精心做好教师的培训工作，打造一支优秀的师资队伍，才能保证教师的精准培训落到实处，促进教师的专业可持续发展。

努力构建教师继续教育新生态

赵 卉

2017 年是职业教育转型关键的一年，我们学校在职教转型的过程中，摸索出了多元化的为区域教育服务的特色课程。其中，为东城区教师继续教育开发设计的课程成了特色课程重要的组成部分，为丰富东城区继续教育课程、更好地服务于教师教育教学提供了更加多样的学习机会。作为参与开发课程的教师，更希望在新课改理念的推进过程中，开发设计出符合现代教育教学需要、符合教师素养提升、实用易学的课程内容，使教师感到学有所用，能达到为自身日常教育教学服务的目的。本学期，我开发设计了"零基础用 Illustrator 制作教学素材"这门课程，课程设计力争做到有趣、有用、有提高，让教师爱学、乐学，努力让教师充分利用好继续教育学习的时间和机会。我首先确定了课程目标，课程目标是课程设计的基础，是课程内容选择、课程实施和课程评价的依据。本课程着眼于培养教师设计与制作多媒体素材的能力，系统地介绍利用 Illustrator 软件设计与制作多媒体素材的方法、技术和技巧，为教师能设计和制作在计算机辅助教学环境中适合不同对象学习的各种课件提供技术支持。通过本课程的学习，使各位教师掌握当今流行的矢量图绘制工具，为各中小学的信息教育事业发展做出一定的贡献。多元评价教师学习的成果，让教师既能学到知识，又不会感到学习压力，构建更加和谐的继续教育生态环境，所以对于课程设计的内容我进行了反复修改，查阅了大量资料，希望在有限的时间里从知识的深度和广度、学习效果上满足教师的需要。

一、课程设计力争做到有趣

教师继续教育首先是教师角色转换的过程，在参与继续教育学习的过程中，教师离开自己的三尺讲台，转变成一名学生。作为施教者，首先应让学生对所学内容感兴趣，才会愿意进一步地学习。参与继续教育的教师具有学科跨度较大、年龄参差不齐、学习基础差异明显的特点，而继续教育课程本身的课时又有很大的局限性，对我设计教学内容提出了不小的挑战。虽然从事 Illustrator 教学有 10 年之久，但教学对象是中学生，教学内容均是围绕中学生年龄特点和认知规律开展的，并不能将以往的教学设计照搬照抄。因此，在课程设计中，我重塑教学内容，将第一堂课"基本图形绘制"中需要掌握的知识点转化为三个具体的实例——可爱的小老鼠、仙人掌、创意花朵，使教师快速掌握点、线、面的精确绘制与随机绘制，创建做中学、做中教的学习氛围，完成实例即可掌握所学内容。由于基本图形的绘制操作方法触类旁通，教师快速品尝到对新软件上手的成果，学习的畏难情绪迅速得到缓解。

二、课程设计力争做到综合化

教师继续教育课程的设计要注重课程内容的综合化，新课程改革背景下，课程内容的选择要立足于提升教师适应并引领新课程改革的能力及其专业发展。课程内容要注重综合化、关注教师的精神生活、重视教师的实践性知识。新课改背景下，单一的学科型教师已不能适应综合性、研究性、实践性教学的新要求，学科间专业壁垒的打破要求一线教师主动调整其知识结构。在课程设计时我尽量打破原有的分科课程所造成的知识隔阂，更好地加强当前学科间知识的渗透、交叉与整合，拓宽课程口径，注重培养教师的创新意识和创造力。尽量发挥教师的主体性，减少"统一化"倾向，关注个体之间的差异；注重结合教师已有经验对课程的生成；与教师实际教学需要相结合，尊重教师对知识的主动建构。同时，重视情感意志方面以及实践性知识的课程设计，关注教师的职业态度、职业情感、职业素养的培养与提升。从教学实践中也发现，教师也充分重视继续教育的内容与自身已有的教学技能和教学经验整合的程度，注重自身教育教学实践智慧和能力的提升。针对教师设计教学素材的需要，我设计了特效文字为主题的教学内容，针对班主任设计了班徽 LOGO 为主题的教学内容，针对信息技术教师设计了蒙版为主题的教学内容，针对部分管理教师设计了电子小报为主题的教学内容，使不同学习基础、不同学科的教师都能感受到学习的收获与提高。

三、多元开放的评价助力和谐继续教育生态

评价的有效性在继续教育中还是非常必要的，客观的评价可以更好地督促教师新技术的学习与掌握。但由于教师的学科特点和年龄特点带来的学习能力的差异，为教师的学习兴趣和学习效率等都带来了一定的影响。为了调动每名教师的学习热情，我摒弃传统僵化的评价方式，不过分强调结果性的评价，更加强调学习过程中教师利用所学知识与自身教育教学整合的尝试，真正做到学以致用。那些敢于尝试的教师遇到的问题通常具有代表性，通过讨论往往可以使大家引以为鉴，达到很好的教学效果，真正解决教师实际工作中的素材设计需要。虽然部分教师完成的既定任务可能并不理想，但这并不影响对教师的最后评价。我也会关注不同时期个体的进步状况，给予教师适当的鼓励。在结果性评价方面，给教师创造宽松的学习成果呈现环境，整个学期主要有 8 个作业，教师根据完成情况可以挑选 4 个做得最好的提交，也可结合自身教学进行创作，教师普遍认可这种学习形式，取得了良好的教学效果。

总之，继续教育课程的设计与实施是一个不断摸索和改进的过程，设计出符合教师专业发展理念、符合教师终身教育理念的课程需要设计者不断学习，提高自身专业水平，才能更好地为教师服务，打造更加和谐的教师继续教育生态。

谈师训课"统计在教育教学
实践中应用"的教学设计

汪　淳

随着时代的发展和信息技术的广泛应用，人们对教师的要求也越来越高。但是不论怎么变，要当好一名教师，就应该有丰富的知识。然而，知识是发展的，是常新的，作为教师需要不断地汲取知识、更新知识和积累知识，应该确立终身教育思想，积极参加继续教育学习，提高自己的专业水平。下面我就谈一谈自己在教师培训教学实践中的一点领悟和体会。

一、充分认识教师参加继续教育的必要性

（一）继续教育，可以提高教师的教育教学水平

我们知道，知识的更新非常快，如果不加强在职培训，以前在学校所学的许多知识必然会影响到教育教学，对提高教师的教学能力没有丝毫的帮助。回顾 30 年的教学工作，我通过向其他有经验的教师请教，校内校外听课，特别是教师进修培训和骨干教师培训，学到了许多原来没有的知识经验。从刚踏上工作岗位时的不知所措到现在游刃有余地进行教学活动，从计算机 DOS 系统的笨拙编程到互联网信息技术的熟练应用，使自己的教学水平在适应社会进步的过程中不断提高。

（二）继续教育，可以挖掘教师教育教学潜力

继续教育是一种特殊形式的教育，主要是对专业技术人员的知识和技能进行更新、补充、拓展和提高，进一步完善知识结构，提高创造力和专业技术水平。例如，职业学校的专业课教师有很多是非师范专业出身，但是通过参加教育心理学的培训学习，使我们对教师与学生的关系有了更深

入的认识和理解，学会了依据学生心理特点与学生进行沟通，找到了解决教育教学实际问题的更多方法。

（三）继续教育，是适应现代教育技术发展的需要

现代教育技术的应用已经改变了人们的工作方式和知识结构，改变了人们的生活方式和学习方式，尤其是传统的中小学教学模式受到了强烈的冲击。教学并不只是不容置疑地灌输内容，而是让学生构建知识、形成方法的智库；教学媒体的作用不仅是教师传授知识的工具和手段，而且更是学生的认知工具，是学生加工信息、获取信息、提炼信息、升华信息和内化信息的工具。所以，教师必须接受信息技术的洗礼，掌握现代教育技术，才能让他们跃上信息技术的平台，迎接挑战。

二、针对培训对象的特点和需求，设计教学目标和教学内容

（一）教学目标的设计——"给谁讲"

课堂教学目标是指预期达到的结果，是教育目的、教学目标和课程目标的具体化，也是教师完成教学任务所要达到的要求和标准。在实际教学中我们都知道每门学科的教学目标都包括三个方面的内容：知识与技能，过程与方法，情感、态度和价值观。是不是教学目标只要有这三个方面就是一个好的设计呢？答案是否定的。因为教学目标中涉及的"教学活动""预期结果""要求和标准"是由"人"来完成的，也就是说是由"教学对象"来实现的，再说得明确点就是这节课，你要知道"给谁讲"，由"谁"来完成你的教学任务。基于这个认知，我在设计"师训课"的教学目标时主要做了以下几方面：首先，调查了解参加培训教师所任教的学科；其次，根据教师任教学科的主要特点确定讲授内容的方向；最后，第一节课后征询参加培训教师的要求和建议。

（二）教学内容的初步设计——"讲什么"

教学内容是指为实现教学目标，要求学习者系统学习的知识、技能和行为经验的总和。设计教学内容是为了规定教学内容的范围、深度及教学内容各部分的联系，回答"讲什么"的问题。我认为在设计"师训课"的教学内容时要注意以下几点：

1. 讲授基本知识

参加"师训课"培训教师的特点是，任教学科广，学科差异大，工作岗位多，需求有特色。有数学、语文、音乐、体育；有专任教师、幼儿教师、管理干部；有的教师希望了解数理统计的内容，有的教师希望了解经济方面的内容，有的教师喜欢动手操作，有的教师喜欢静听品鉴。鉴于这样的特点，我选择统计学中的基本知识，如，调查方法、数据整理、总量指标、平均指标、相对指标和概率的应用。这些知识与大家的生活工作比较贴近，既熟悉又陌生，既可以引起共鸣又便于激发学习热情，诱导其进行深入学习。

2. 密切关联日常教育教学

教师培训的目的是提升教育教学水平和教学质量，所以培训内容要尽可能地贴近教育教学。例如，我在课程内容中设计了调查方法、数据整理、调查报告编写的学习内容，特别是数据录入汇总整理的信息处理技术，不仅使教师进一步熟悉了计算机应用技术，而且帮助教师提高了教育教学的科研能力。

3. 时刻关注时事进程和热门话题

统计技术是一门专业性很强的专业技术。讲解内容过于深奥时教师难以接受，讲解内容过于肤浅时教师顿觉乏味，所以在讲解过程中特别注重联系实际。例如人们十分关注北京的雾霾、人的预期寿命、养老金、美国总统大选等问题。所以在内容设计上我就将统计与时事问题结合起来说明相关的统计知识，以此来提升教师的学习兴趣。

（三）教学内容的再设计——"讲得好"

"师训课"对于教师来说是教学转型的新方向，教学对象是具有各项专业知识和专业技术的教师，所以讲课不仅要求讲得"周到"还要求讲得"适度"，这个适度可以理解为：是一节好课、一节精装课、一节有用的课、一节有趣的课。所以在每节课的课程设计上我也使用了一些技巧，确立了五个"一"，即"一个故事""一段视频""一种技能""一点知识""一次作业"。这样的设计使课程内容显得"活跃""有趣""生动""丰满"。

三、做好培训结束的总结工作

总结，就是把一定阶段内的有关情况分析研究，得出有指导性的结论，总结各方面的情况。具体来说它应该包括两个方面：一是，总结你做了哪些工作？二是，对所做的工作进行分析，得出指导性的结论。培训工作结束后我主要做了三方面的工作：第一，按照东城区教师培训课程中心的要求，认真填写培训总结表。第二，针对培训内容、形式和问题设计一份有针对性的调查问卷。第三，对调查结果进行分析研究，提炼出课程内容和培训过程中可借鉴的东西，找出培训中出现的问题，为今后培训课程做进一步的准备。

总之，教师培训是一个信息传递的过程，而信息传递是双向的，教师培训课，表面上看是我们职业学校的教师对其他学校的教师传授知识和技能的过程，实际上它还有一个更深层次的含义，就是我们在培训过程中还可以向授课对象进行学习，接受来自对方的教育教学信息和经验，应该说教师培训是教师"双增"的过程。子曰："三人行，必有我师焉。择其善者而从之，其不善者而改之。"

对财商课程设计的思考

徐淑娟

教师专业化发展，主要是指教师在教育教学水平和教学技能两方面的发展，它也包括教师在课堂教学的过程中，对学生的知识与能力、过程与方法、情感态度与价值观三维目标的培养。而继续教育，则是提高教师专业水平，促进教师专业发展的重要途径。《国务院关于基础教育改革与发展的决定》里指出："建设一支高素质的教师队伍，是实施素质教育的关键。"而素质教育的实施对教师提出了更高的要求。教师的专业知识要适应学生德、智、体、美等全面发展的需要，教师必须一专多能。

为了提高教师专业水平，帮助教师对专业的知识和技能进行更新、补充、拓展和提高，进一步完善知识结构，提高创造力和专业技术水平，在积极响应区教委的号召下，我根据自己的专业特长开展了"财商素养在教学中的渗透"的师训课程。

一、课程设计背景与设计思路

（一）帮助教师认识开展财商教育的重要性

财商是指一个人与金钱（财富）打交道的能力，包括观念、知识、行为三个部分，这三部分我们称为"财商等边三角形"。三角形的第一条边是思维（观念），即面对金钱和财富去想的问题；第二条边是知识，即面对金钱和财富怎么去想的问题；第三条边是行为，即面对金钱和财富如何去做的问题。这三个部分互相支撑、互相影响、互相关联，构成了财商的动态系统。财商还教授同学们必要的、适当的经济常识，以及训练伴随着同学们成长中的非常重要的思维能力、独立思考能力、创新能力、自我管理能力、有效学习能力等。

现代社会，经济及金钱现象无处不在，人们对金钱的态度、获取和管理金钱的能力，对于人们生活的富足、幸福影响越来越大。财商对于人们来说，其重要性将超过智商、情商。财商被越来越多的人认为是实现成功人生的关键。财商、智商和情商一起被教育学家们列入了青少年的"三商"教育。财商是与智商、情商并列的现代社会能力三大不可或缺的素质。智商反映人作为自然人的生存能力，情商反映社会人的社会生存能力，而财商则是人作为经济人在经济社会中的生存能力。

（二）帮助教师认识财商教育的培养目标

财商教育知识方面：学习必要的经济学常识，帮助教师开展财商启蒙教育。

财商教育能力方面：学习创新能力，自我管理能力，高效学习能力，独立思考能力等。

财商教育兴趣方面：增强学习兴趣和生活热情。

财商教育习惯方面：让教师能够在日常教育教学工作中开展学生管理零花钱、记账等习惯的培养。

课程内容安排（如下表）。

课程内容安排

第一章 认识财商	学习财商的基本内容，正确认识金钱及金钱的规律；提高应用金钱及金钱规律的能力。学习财商教育的意义、目标
第二章 青少年财商培养目标	财商教育的7个阶段
第三章 以金融的视角看世界	认识货币、通货膨胀
第四章 看懂股权投资	认识股票，学习相关知识
第五章 看懂债券投资	认识债券，学习相关知识
第六章 初识指标看投资本质	学习经济指标，分析经济现象
第七章 练就金融"慧眼"	了解金融"陷阱"，防止上当遭受损失
第八章 教学实例分享	学员展示作业，分享财商素养在教学中得以渗透的实际案例头脑风暴

二、课程实施中的做法与收获

（一）课程具体实施的做法

本财商课程是为任课教师开展中小学财商教育而设计的师资课程，立足并结合现行的校内其他相关学科进行课程内容的打造，与学校教育相辅相成，帮助并启发科任教师及班主任在日常教育教学中开展财商教育，提升财商素养，初步树立金融职业规划意识。

（二）课程理念的落脚点

财商教育首先是对人的教育。因此本课程积极创设情感教育模块，通过金钱观、价值观、职业道德、法制等话题的展开，帮助教师形成财商的意识和兴趣，帮助教师找到促进学生形成正确的价值观、金钱观和财富观的有效途径。财商教育离不开生活，在学习了必要的知识和技能之后，需要引导教师将所学知识和技能运用到实际生活和教学中。

（三）课程收获

财商教育是通过有关经济知识的学习和相关实践活动的体验，使人树立正确的金钱观、财富观和价值观。本课程展开的财商教育，对帮助教师培养中小学生正确的人生观、独立思考和创新意识具有重要的意义。

三、反思与建议

孔子曰："学而不思则罔，思而不学则殆。"教育是实践性智慧，需要教师对自己的教育教学实践进行持续的反思，并把反思导向深入，最终实现教育教学的创新，提升育人的质量。因此，持续反思是有效教学的重要保障。

在整个教学过程中所有教师的参与程度很高，大家积极思考，积极开展头脑风暴，把教学中出现的问题真实地表述出来，在集体的智慧中提升教师的财商素养。我们还建立了微信群，大家可以在群里畅所欲言，分享学习的体会，共同进步。在"初识指标看投资本质"的课程教学中关于 K 线图的分析引起了教师们很大的兴趣，他们纷纷表示再也不用担心学生问到的金融知识了，有的教师甚至说正好在自己的课程中涉及了相关内容，学了这节课她的教学内容可以更加丰富生动了。

　　每一位参加本次师资培训的教师都给我留下了深刻的印象，他们认真的态度、积极的探索、开放的思路也让我受益良多。感谢区教委、校领导提供了这样的平台，这样的机会，在今后的师资课程中我将呈现更加精彩的内容。

用心打造高质量师训课程

成丹丹

自 2016 年 9 月起，我校被列入东城区教师继续教育培训校，在学校领导的关心指导下，我组首先开设了"又快又好打造说服力幻灯片"这门课程，为学区内有需求的教师提供了学习机会，极大地提高了他们制作幻灯片的水平，课程的整体设计过程如下。

一、课程设计背景与设计思路

教师制作多媒体课件的能力是衡量中小学教师信息技术应用能力的条件之一，随着信息技术的发展变革，在教学、演讲、比赛中都需要教师们充分利用 PPT 软件为受众展示演示文稿，以更好地表述自己的内容。但是，通过我们的前期调研，总结相关数据后发现，当前的现状是：很多非计算机专业毕业的教师们，由于没有进行过系统的培训学习，应用 PPT 软件很多都是自学，所制作的演示文稿质量低，经常是不能提炼主题，且堆积大段文字，格式美化效果也很差，只能说明他们只是会应用最简单的功能，而不能深入地挖掘软件优势，以此来达到自己想要表达的结果。另外，教师们操作的速度慢，严重影响了工作效率。

基于以上问题，我在设计本课程时，首先考虑的就是教学目标的制定，即让教师们通过本课程的学习，能够实现技术与学科教学的深度融合，更高效率地制作出实用性强、主题内容突出、交互性强的多媒体课件，既可以在课堂教学中使用，又可以在各类比赛、演讲中使用，充分发挥多媒体课件的最大优势。其次，从促进教师专业发展方面考虑，能够提高教师们对 PPT 的高级应用能力，包括如何快速规范模板、导入材料、快速美化等幻灯片的高级制作技巧，使教师们制作的幻灯片更加具有说服力、更加吸引人的眼球，缔造完美的教学展示，更好地为教育教学服务。因此，根据目标制订了课程详细的教学计划（见下表）。

课程详细教学计划

章节	课程要求
第一章	快速规范模板，保持 PPT 风格统一和谐
第二章	快速玩转段落排版
第三章	快速利用表格进行排版，保持布局整齐，提升排版效率
第四章	快速制作 SmartArt 图形，实现内容的可视化
第五章	快速完成商务图表的制作，实现数据的突出与可视化
第六章	快速进行图形与图片美化
第七章	轻松搞定 PPT 换页、动画与多媒体
第八章	教你制作脑洞大开的交互 PPT

二、课程实施

由于很多教师都是零基础学习者，要想用最短的时间将教师们培养成为 PPT 精通者，每次授课之前，我都认真思考设计各教学环节、撰写教案、制作课件、习题等。教师们以前接触的相关信息技术的培训学习，其大多是按照软件功能模块来组织的，一是一个菜单一个菜单地介绍，二是按版式、文字、图表、动画来介绍，三是讲几个案例，我觉得这些组织方式都不错，但还远远不够。我将这几个方式综合起来，在课堂上按实际应用业务组织，利用教学广播系统地进行实际操作讲解演示，配合典型案例示范，让教师们模仿制作，每次设计的习题都设计出梯度，学会操作后会有自主设计题，用来考察教师们的学习掌握情况。例如，在讲解文字段落部分知识时，我会为教师们讲解通过"四步法"对 PPT 中的文字段落进行对齐、间距的调整，快速添加特色项目符号，提炼文字标题增加缩进，提高制作速度，使 PPT 的段落格式更美观，而且通过在实际案例中快速地应用"四步法"进行巩固，让教师们深刻地体会到"四步法"提高工作效率的好处。

　　另外，我会深入挖掘软件中教师们不常用的强大的功能，引导教师们学习实践，通过对比感受如何又快又好地制作，感受什么叫有说服力的幻灯片。例如，工作中常遇到 Word 文档转换成 PPT 的问题，很多教师都使用复制粘贴的方法，当我讲解 Word 发送 PPT 的方法后，教师们都惊叹软件的神奇。

　　为了能够及时答疑，我们在开班之初建立了微信群，每次下课后，我会将授课讲义和习题上传到群里，让教师们可以课后复习，有问题的我会在线进行指导，这种形式受到了教师们的欢迎与认可，有些教师也会将工作中遇到的实际问题在群中分享解决。

三、课程特色与反思

　　（1）本课程采用案例式教学方法，在课上选取工作生活中常用实例作为课堂主线，引导教师们在完成实例的过程中理解知识要点，通过实操练习巩固掌握操作方法，不断提升自身幻灯片的制作水平与制作效率。

　　（2）课程不是枯燥地单纯地讲解软件的基础使用，而是通过大量实用性强的教学案例让教师们领悟快速制作 PPT 的方法与操作技巧，不但告诉他们怎样做，还要让他们知道怎样操作才最快、最规范！不但告诉他们如何做，更要告诉他们怎样构思才最灵活、最创意。

　　（3）每次课程结束前，我都让教师们把完成的作业上交，了解教师们的学习掌握情况，及时调整教学进度，对个别基础较差的教师会利用课间时间给予有针对性的辅导。

　　（4）利用微信群与班内学员教师及时沟通，有效地提高了本课程教师的学习水平，让教师们能够随时解决工作和生活中遇到的操作问题。

　　（5）每堂课下发关于重点知识的讲义，有助于教师课上课下更好地学习。

　　综上，是本人在"又快又好地打造说服力幻灯片"这门课程设计过程中的一些想法，课程的设置、内容、形式仍需根据教师们的建议等进行及时的总结和改善，我将继续潜心钻研，不断提升本课程的教学质量，更好地服务于区内教师。

在学习中充实、巩固、提升

孙　芳

2017 年 2 月，在东城区继续教育培训中，我开设了"带你认识不一样的汉字"这门师训课程，下面就课程的一些相关准备和实施情况进行介绍。

一、课程设计背景分析

是否有人思考过，我国一共有多少个汉字？通过专家鉴定的北京国安资讯设备公司的汉字字库，收入有出处的汉字 91251 个，据称这是目前全国最全的字库。这是一个相当庞大的数据，那么在这些汉字中，我们经常使用的有多少？我国在 1988 年公布的现代汉语常用字表中，选收了 2500 个常用字、1000 个次常用字，总共只有 3500 个汉字。这就是我们这几年一直在做的 3500 个常用汉字的测试工作。这 3500 个汉字和刚才的 91251 个汉字相比，明显简单多了，但是这些字我们都敢读吗？都会写吗？

当前，我们很多人写字时只知道所写汉字的大概构造，但是具体怎么写就不会了，长期使用电脑导致人们提笔忘字，加之阅读量减少，许多人特别是年轻人的汉字书写能力急剧下降，写错字别字或者书写时记忆暂时"短路"的情况屡见不鲜。

众所周知，汉字博大精深，底蕴丰厚，承载了中华民族的文明和智慧，是世界文化的重要组成部分，是我们民族的象征。然而近年来"写字困境"频现，究其原因，这不仅是学校教育的失败，更是语文教育的失败。当务之急，我们必须将汉字作为一种"国粹"进行保护，让每一个公民敬畏这种民族文化。

二、个人研究现状

决定将文字作为一门课程进行研发始于教孩子读书认字。在传统教学中，教师和家长往往只注重教孩子读写汉字的能力，让他们死记硬背，至于为什么这么写，字的来源是什么，却始终很少涉及，长此以往，造成的后果是孩子机械地记忆，学得快，忘得更快，这样的学习容易让他们失去兴趣，觉得汉字枯燥乏味。而汉字作为表意系统的符号，其本身就承载了深厚的文化背景，从汉字产生的源头讲解汉字的造字本义及其演化过程，是一种相对更为有效的汉字学习方法。

在上大学期间，我已经系统学习了现代汉语、古代汉语、汉字修辞学、训诂学等汉字相关课程，并且对汉字一直保持着浓厚的兴趣，对《说文解字》《甲金篆隶词典》等典籍反复研读，积累了一定的文字知识。在与孩子小学语文教师的接触中，我了解到小学汉字教学的一些情况，结合自己教孩子识字、写字的经历，我开始着手研发"带你认识不一样的汉字"这一门课程。

三、实施过程

（一）课前调研

在课程设计之初，我对不同学段、不同身份的学习者进行调研，一本《画说汉字》让我发现相对于抽象的汉字，儿童更喜闻乐见的是形象的图像，将汉字配上相应的插图，演示汉字的演变过程，展示文字的来源，讲述汉字中深藏的精彩故事。中小学基础学科的教师在文字教学上也需要注入新的思想与活力。本课程的开设，一方面可以提高语言应用能力，规范教师汉字认读及书写。另一方面，能够结合学科特点，将不同分类的汉字引入课堂，将传统文化教育渗透在各科的教学过程中。

（二）课程单元设置

汉字是中国古老的文字，更是中华传统文明的载体。本课程通过介绍汉字的起源，探究汉字的造字方法及识字方法，分门别类地介绍相关汉字的字理，探寻汉字的内在规律及识字方法，带领学习者一起感受中国语言文字的博大精深。

具体单元设置如下：

第一单元　探索汉字的起源

介绍汉字的起源和演变，介绍甲骨文、金文、小篆、隶书、草书和楷书的发展历程。

第二单元　探究识字的规律

介绍汉字的造字方法和识字方法，分析当下识字的误区，探究字理与识字法的意义。分门别类地讲授天文地理、动植物、人体、器物等相关汉字的字理，探究识字的一般规律，探寻汉字的内在规律。

第三单元　介绍关于人体的汉字

介绍关于人以及有关肢体的汉字等。

第四单元　介绍关于动植物的汉字

介绍关于动植物的汉字及其在古代文学作品中的应用，探索有关动植物汉字的一般造字规律，总结识字方法。

第五单元　介绍关于器物的汉字

介绍关于布衣丝巾、饮食器皿、房屋居住、车船交通、古代兵器、生产生活用具、钟鼓祭祀用具的汉字。

第六单元　介绍关于天文地理的汉字

介绍关于天体、天气、天象、高山、平地、深水等内容的汉字，总结识字方法。

（三）课后互动补充

为了交流方便，在第一节课上，我们建立了班级微信群，利用这一平台，我在课下时间积极与学员教师们进行沟通，了解他们在教育教学中对于文字方面的需求，及时交流他们对于课程的一些意见和建议，我也将日常使用、接触到的汉字、传统文化知识方面的相关书籍以及微信公众号进行推送，课程受到了教师们的欢迎，现在虽然已经结课，但我们在班级群里一直都保持着沟通。

四、反思提升

这一轮的师训课程让我学到了很多的知识，参与培训的教师给了我许多宝贵的意见和建议，我的课程也因此得到了提升。

（一）结构体系方面

本课程按照人体、动植物、器物和天文地理等几方面进行划分，字与字之间按照内容相关性进行串联，考虑到汉字的识字规律，在后面的授课中，我将进行调整，以点带面，按照汉字的部首介绍字的家族，使结构更为合理，更容易被学生接受。

（二）课时安排方面

因汉字涉及的内容很多、很细碎，因此在课程中还有很多未能展开介绍的内容，对汉字的挖掘深度不够。为此，在接下来的设计中，我准备将课程系列化，在有限的授课时间内，将文字背后的故事介绍出来，帮助教师们更好地理解其内涵，从而准确识记。

（三）课堂互动方面

在课堂上，我采用了 flash 动画来演示汉字的演变过程，精选了大量的视频对课程进行丰富，受到了教师们的欢迎。在今后的授课中，我计划设计"大家猜字""我来造字"等环节，增强课堂的互动性，让汉字教学更为生动，易于接受。

以上是本人对"带你认识不一样的汉字"这门课程的总结反思，本轮师训课程已经圆满结束，未来我将继续加强学习，不断充实自己，以期使课程更加完善，服务更多的教师。

提高教师信息技能水平 增强师训课程培训实效

郭 霞

继续教育（ Continuing Education Engineering，CEE）是在 20 世纪 30 年代从美国发展起来的一个新的教育工程，其目的是对一些工程技术人员再次进行必要的培训，以便更快更好地适应迅速发展的生产需要，完成越来越难以掌握的新技术、新产业规定的任务。当时美国的许多大学都设置了工程技术革命专题讲座和培训班。第二次世界大战后，特别是 20 世纪 60 年代以后，随着新技术革命的深入发展和终身学习教育思想的广泛传播，人们普遍地认识到继续教育工程的重要性，甚至有些国家开始利用政府的行政手段强有力地推动这一工程。

我国《中小学教师继续教育规定》中指出："中小学教师继续教育要以提高教师实施素质教育的能力和水平为重点。"中小学教师继续教育的内容主要包括：思想政治教育和师德修养；专业知识及更新与扩展；现代教育理论与实践；教育科学研究；教育教学技能训练和现代教育技术；现代科技与人文社会科学知识等。教师这一行业，不同于其他行业，必须具备全面性的知识储备，所以要求教师们不断地提高自我专业知识水平及现代教育技术。教师职业还必须具备高尚的师德情操和无私的仁爱之心。在当今复杂的国际及国内形势下，师德修养是保持教师队伍纯净的有效途径。可以说，教师职业是一门内外兼修的职业。

自从我 2000 年成为了一名人民教师之后，我就一直把教师的继续教育工作作为我日常工作中不可或缺的一部分。所以，在每个五年计划中，我都积极挑选课程，认真地对待每一门课程中的每一节课。向老教师虚心请教，与其他教师细致讨论，圆满地完成每一门课程，获得相应的学分。我深刻地体会到，教师的继续教育工作对我的成长过程确实起着比较重要的作用。

如今，随着北京市全面一体化的进程，面对职教全面转型的新局面，作为一名从事职业教育近十七年的教师，我曾经也有过难过、失落与迷惘，但是现实告诉我：不能逃避，不能退缩，否则解决不了任何问题！所以我选择了迎难而上！

最终，我完成了从一名普通教师到继续教育培训教师的转变，下面是我在这期间的一些做法和想法。

一、课程设计背景及设计思路

2016 年 9 月，我校第一批师训课程正式开课，在全校共开设了三门课程，我组成丹丹老师就负责其中一门课程。成老师是我们教研组组长。身为一名青年骨干教师，她总是在学校各项活动、各项工作中冲到第一线，是我们组内其他教师学习的楷模。当 2016 年年底，学校再次面向全体教师征集第二批师训课程时，我组所有教师都参与了申报工作。所以从 2016 年 11 月，全组教师们都在为课程申报进行着详细的准备工作，成老师凭借丰富的经验，给了我们很多提示与建议。我从课程名称到课程内容的提纲，再到课程的实施方案，以及课程目标等，事无巨细地将一项项工作进行详密的计划，并逐一实施。

与之前我的体验课不同，此次师训课是由我一个人独立开发并实施的。我依靠自身专业的特点，结合当今流行趋势，决定将课程名称定为"制作视频教学资源"。所使用的软件为 Premiere，它是一款常用的视频编辑软件，由 Adobe 公司推出。现在常用的有 CS4、CS5、CS6、CC、CC 2014、CC 2015 以及 CC 2017 版本，是一款编辑画面质量比较好的软件，有较好的兼容性，且可以与 Adobe 公司推出的其他软件相互协作。它是视频编辑爱好者和专业人士必不可少的视频编辑工具。它不仅可以提升创作能力和创作自由度，而且是一款简单易学、高效、精确的视频剪辑软件。Premiere 提供了采集、剪辑、调色、美化音频、字幕添加、输出、DVD 刻录等一整套流程，并和其他 Adobe 软件高效集成，可以完成在编辑、制作、工作流程上遇到的所有挑战，满足创建高质量作品的要求。目前这款软件被广泛应用于广告制作和电视节目制作。可以说这款软件是一款入门级的视频剪辑类的软件。所以我决定将它作为师训课程的工具软件。

确定了课程名称及所用软件，接下来就是选择课程授课对象，制定课程内容和课程目标。经过网络搜集和实际培训环境分析，大部分参加培训的教师为文化课教师，且所授专业涉及面较广，所以多数教师没有任何计算机操作基础。加之视频剪辑比其他计算机常用软件要难一些，所以我最终将课程内容进行了调整，总体降低难度，由浅至深，加大练习的比重。在课程内容方面，每个项目设置了 6 个单元，条目设置简明扼要，紧密与教师专业技术相关联，使课程能够为教育教学及学科科研服务。根据课程目标，划分为以下 6 个单元。

单元 1　视频剪辑初探（4 学时）

单元 2　视频教学资源的种类及采集（4 学时）

单元 3　制作微课片头（4 学时）

单元 4　微课素材的初剪（4 学时）

单元 5　添加字幕及其他视频物资（4 学时）

单元 6　编辑微课（4 学时）

确定了之前的准备工作，下面就是扎扎实实地将想法落实于纸上的过程。由于我之前从来没有接触过此类软件，所以我利用课余时间进行自学，找素材，寻案例，做练习，找问题！经过不懈的努力，终于将工作计划安排妥当，并逐一开始实施。2016 年 12 月，开始收集素材，编写课件等工作。2017 年 1 月，在教师研修平台上进行课程最后的修改及整理，确定课时数及单元内容。2017 年 2 月 28 日，我的师训课"制作视频教学资源"在我校正式开课（见图 1）。

图 1　师训课正式开课

二、课程实施中的做法与收获

由于是面向整个东城区的全体教师开设师训课，所以进行报名的教师们遍布全区的中小学及幼儿园。在我的师训课程正式开课后，迎来了定安里小学、史家胡同小学、50中分校、第5幼儿园等学校的教师们。从教师们的课堂状况看，年轻的教师接受情况比较好，40岁以上的教师稍微差一些。但是教师们都对视频剪辑很感兴趣，加之我为教师们收集的素材都与他们的日常工作和生活有关，比较契合他们的兴趣点。从教师们上交的师训课调查表的内容看，教学效果良好。前来培训的教师们都对制作微课很感兴趣，而且对教学效果感到非常满意（见图2）。

图2 师训课反馈信息

三、课程实施后的反思与建议

经过本学期的课程实施后，我深刻地意识到，职业学校的转型工作需要广大教师都能参与进来，集思广益，只单凭几位教师做研究是远远不够的，因为一个人的想法和能力毕竟有限，需要集中大家的智慧，经过思想的碰撞，陈旧的、不适合社会发展的观念要摒弃，流行的、符合时代特点与学科发展的观念要发扬。大家都应担起责任，为学校的转型工作做出一份贡献，人人开发课程，人人参与课程，人人研究课程，人人讲授课程。我想，这才是职业学校转型之路的必经模式。

构建中医药教师继续教育课程的教学策略

马建知

中国传统文化所蕴含的主要思维方式一直是"体验思维""直觉思维"。无论是儒家思想中的"仁义",还是道家思想中的"无为",都是由孔子和老子等人体悟出来的,他们的生成都与体验密切相关。既然传统文化源于体验,那么进行传统文化传递的教育活动自然也离不开体验。由此,中国古代教育尤其重视体验在教学活动中的作用。习近平总书记曾经说过:"中医药是打开中国传统文化宝库的钥匙。"由此可见,中医药的教学离不开中国传统文化思维方式的培养,而如果想要培养学习者传统文化思维方式,体验式教学就成了不可或缺的手段。

中国的中药文化历史悠久,博大精深。几千年来,中国人不仅提出了各种各样的保健药物,而且创造出不少行之有效的延年益寿的药方。养生在现代社会里备受人们的重视,现代人的生活压力较大,同时又由于工业化的快速发展,致使环境恶化、空气污染,人们的健康受到严重威胁。运用中医药进行养生可以使人达到身体健康、调养身心、清净心神、缓解压力的神奇功效。中药是中华民族优秀传统文化的重要组成部分,我们应该加强保护,并将之发扬光大!

本学期我开设了教师继续教育课程"拿什么拯救我的脏腑——中医对人体脏腑的诠释"。为了能更好地完成课程教学,我首先解决了以下几个问题。

1. 选题问题

教师继续教育课程选题看似简单,似乎给教师讲点中医药知识就可以了,但深入思考和实施之后才发现,专业岗位知识与技能不适合教师继续教育课程，需要进行适当调整。如果处理不当就会变为老年大学课，偏离了教师继续教育的大方向。

2. 教育对象问题

教师继续教育的教学对象是教师，教育对象的特点是年龄跨度较大、专业背景不一，但学习能力较强，对中医药的认知水平各异。因此，在教学内容的选择上，要有一定的深度与广度。

3. 教学教法的问题

教师继续教育课程不是传统学历课程的压缩，因此教师继续教育教学与传统学历课程教学有很大区别。传统学历课程教学是由国家统一规定课程、课时及教育内容的。而教师继续教育则是根据教师的专长，对学习者进行某一方面的教学，是以需要为目的的补充式综合素养的成人教育。

通过上述内容不难看出，教学教法和教学对象的改变，是教师继续教育课程面临的一大难题。

正当上述问题让我困惑时，国家在《中医药发展战略规划纲要（2016—2030年）》（以下简称《纲要》）中提出："推动中医药进校园、进社区、进乡村、进家庭，将中医药基础知识纳入中小学传统文化、生理卫生课程，同时充分发挥社会组织作用，形成全社会'信中医、爱中医、用中医'的浓厚氛围和共同发展中医药的良好格局。"与此同时，学校组织我们教师"对中小学核心素养培养"的学习，指导我对课程进行了以下设计与实施。

1. 选题上注重中医药知识的普及

我选择"植物中的中药"为本区的生物教师做了师训体验课，既为生物教师补充了中药知识，又通过中药的应用渗透一定的养生知识，提高了教师的健康素养。

2. 根据教师发展方向设定教学内容

通过学习、思考和实践，我发现师训课以《纲要》为依据，以提高教师综合素养为目的。设定中医药基础知识与技能为教师继续教育课程的教学内容，为完成《纲要》中提出的"将中医药基础知识纳入中小学传统文化、生理卫生课程"做出一定的贡献。因此，在教学内容上选择中医药的基础知识进行讲解，为教师树立正确的中医药认知。同时，为教师开发中医药相关的校本课程起到一定的帮助。

3. 教师继续教育课程改变传统的学校课程教学模式

通过体验课的教学摸索，在教师继续教育课程教学上采用理实一体化与体验式教学相结合的方法，采取小班教学，企业培训模式进行教学。

之所以采用理实一体化与体验式教学相结合的教学策略，主要因为以下4点。

（1）从教学对象分析。师训课的教学对象是教师，每一位教师的教育背景不同，专业知识侧重点便不同，但教师们多是成年人，中医药知识与认知普遍较少，且都受过良好的教育，对知识有分辨与选择的能力，已经形成自己的惯性思维。因此，在教学内容上要有一定的深度与广度。选择一定的中医药理论知识先为学习者"讲理"，使教师受众听起来有"解渴"的感觉；再通过实践体验式学习，使学习者切身感受中医药知识的运用，提高学习者对中医药知识的认同感，增强学习者探究中医药知识与技能的兴趣。

（2）教学内容分析。《黄帝内经》中提到："治五藏者，半死半生也。"说明了五脏养护的重要性，一旦病入五脏，不论中西医治疗起来都很困难。我讲授中医药专业课程多年，希望通过此次师训课，能将我对中医五脏的认识与传统简而易学的五脏养护方法带给教师，帮助教师从中医角度了解五脏，审视自身的健康，向学生传播中医药知识。

但本课题理论性强、内容较为抽象，根据实际学情，采用理实一体化与体验式教学相结合的教学法，有利于教师在短时间内理解所学的中医脏腑理论知识，并能在日常生活中运用所学的养生方法，调整自身脏腑的健康水平。通过教师的自身实践体会，将中医药知识在所在学校的学生中传播。从而达到《纲要》中提出的"推动中医药进校园、进社区、进乡村、进家庭，将中医药基础知识纳入中小学传统文化、生理卫生课程，同时充分发挥社会组织作用，形成全社会'信中医、爱中医、用中医'的浓厚氛围和共同发展中医药的良好格局"这一最终目标。

（3）教学策略分析。根据教学内容，实际学情进行教学策略分析。教

197

学时，首先采用理实一体化与体验式教学相结合的教学法，先通过讲授，将抽象的中医脏腑概念知识直接传递给学习者，避免学习者在认识过程中遭遇不必要的曲折和困难。其次，创建教学情境，通过"辨别脏腑亚健康的程度""选择正确的脏腑养生导引术"，让学习者参与"辨脏腑证"的实践体验，掌握理论知识在实际工作中的应用；利用教师对学习者"选择正确的脏腑养生导引术"的传授与指导，学习者之间的"脏腑养生导引术"练习感受交流，提升学习者对"中医脏腑理论"的理解以及对"脏腑养生导引术"的正确认知与运用。

（4）教学实施的体会。教师继续教育课程中医药素养的学习特点是，心智技能（辨别脏腑亚健康的程度）和操作技能（脏腑养生导引术）的学习，是一个系统的认知过程。操作技能和心智技能必然是以环境中的具体身体结构和身体活动为基础，通过各种感官的活动体验完成学习思维的全过程。这与传统教学认为学习者操作技能和心智技能的学习过程只是条件反射下的结果完全不同。前者的学习体验有主动性，而后者是完全被动的。因此，由于理实一体化与体验式教学相结合的教学策略对学习者身心的主动认知过程的承认和尊重，决定其可在教学上完全替代传统教学对学习者的被动式强刺激的教学方式。理实一体化与体验式教学相结合的教学策略适合教师中医药素养的养成。毕竟素养的养成是人的主观能动性与客观条件相互结合的产物，仅靠客观刺激是完不成的。

教师中医药继续教育课程中，理实一体化与体验式教学相结合的教学策略的运用，充分尊重了学习者的学习体验。使教学从传统的单一强化学习者的教学方式中走出来，符合学习者（教师）的心理特质，尊重学习者的认知习惯，利用信息技术从不同角度创建适合不同学习者认知习惯的体验平台，培养学习者基本的中医药素养。

与市民一起奏响"福禄"之音

顾 彤

学校不仅是正规教育的主阵地，而且是社区教育的主要资源。学校资源的开发和利用既是社区教育的任务，又是社区教育的主要发展方向。在职业学校的转型期，学校与社区教育、市民课堂有了无缝链接的机遇及案件。

一、"福禄"之音的前奏

教育改革和职教转型的结合。众所周知"教育供给侧改革"是教育改革的重点和热点，其核心是扩大优质教育资源供给，优化教育资源配置，给受教育者提供更多、更好的教育选择。

随着首都核心功能区的建设，"十三五"期间，北京市将疏解部分中等职业教育功能，不再扩大中等职业学校教育办学规模，不再新设立中等职业学校。以区政府为主，疏解城市功能核心区的中等职业学校向郊区转移。同时，北京市将减少教育对外来人口的吸引，压缩中等职业学校京外招生人数，职业学校面临转型。

党的十六大把建设学习型社会作为全面建设小康社会的重要目标和任务之一，提出了"形成全民学习、终身学习的学习型社会，促进人的全面发展"的号召。随着经济建设的发展和改革开放的深化，市民学校作为近年来蓬勃发展的社区教育的一种新的形式，将发挥其越来越广泛、越来越重要的作用。市民学校的创办，提高了社区居民素质，增强了生活技能，繁荣了社区文化，增强了社区教育的操作性，有利于引导居民自我教育、自我管理、自我服务。在增加其自身吸引力等方面发挥出重要作用，使学校优质的教育资源与学习型社区的建设需求可以完美结合。

二、"福禄"之音的谱写（市民课程的打造）

（一）课程的设计

贴近群众、形式灵活多样是市民学校在社区具有强大生命力的源泉。中华传统文化源远流长、博大精深，是祖先留给我们的宝贵文化遗产，至今仍然显示出旺盛的生命力和积极的现实作用。中华传统文化进社区，正是为了更好地继承与发扬中华传统文化的精髓，宣传中华传统美德，不但能够进一步提升社区居民的自身素质，而且为家庭教育指明了正确的方向，从而促进整个社会的和谐与发展。

葫芦是中华民族最原始的吉祥物之一，人们常挂在门口用来避邪、招宝。上至百岁老翁，下至孩童，见之无不喜爱。就连电视剧中也要赋予葫芦多功能和神话般的功效，缘由之一也是因其有着古老的历史文化。葫芦的"蔓"与万谐音，每个成熟的葫芦里葫芦籽都很多，我们的祖先就联想到了"子孙万代，繁茂吉祥"；葫芦谐音"护禄""福禄"，加之其本身形态各异，造型优美，无须人工雕琢就能给人以喜气祥和的美感。

把葫芦文化带入市民课堂，与市民一起奏响"福禄"之音，使其成为我们的主题。因此，我确立了"我与葫芦有个约会"的课题。这个"约会"是课程团队与市民的约会，也是市民与传统文化的约会，更是职业学校与社区教育的约会。我设计了 8 个单元的课程：文玩葫芦种植、把玩与鉴赏；葫芦绘画；虫鸣葫芦等等。

（二）团队的协作

俗话说"众人拾柴火焰高""众人划桨开大船"，这都是在赞美团队的力量。在一个团队中，只有每个成员都最大限度地发挥自己的潜力，并在共同目标的基础上协调一致，才能发挥团队的整体威力，产生整体大于各部分之和的协同效应。我们团队的组成，可以说是老中青的结合，是青年教师的活力创新、中年教师的担当、老教师的经验的有机融合，使我们的团队有了共同的愿景：在敬畏中传承传统文化，在执着中追求艺术，在付出中热爱教育。我校的郑顿老师不仅是一名美术教师，更是一名葫芦爱好者，对葫芦的研究不说是炉火纯青，也算是了如指掌。以他为核心形成的团队充满活力，大家一起外出参观学习，一起向非遗大师请教，一起研磨课程。

三、"福禄"之音的奏响（市民课堂纪实）

（一）课堂引入

时下 BTV 财经频道热播的理财节目深受老百姓喜爱，尤其是文玩收藏、珠宝玉石类专栏更受追捧。听课受众群体大多是中年人或中老年人，家中都有孙儿，由孙儿们喜好的动画片《葫芦兄弟》和传统剪纸艺术引入葫芦。

（二）课堂讲授

1. 春耕播种，孕育希望

俗语说："清明前后种瓜种豆，种瓜得瓜种豆得豆。"由葫芦种子展开，简单介绍葫芦籽，从选种到培育发芽（籽的浸泡深度，浸泡时间，光照时间），做到有选择性地种植。

2. 名家讲坛，学之有道

"书中自有颜如玉，书中自有黄金屋。"文玩亦是如此。简单介绍已故著名文物专家、文物鉴赏家王世襄先生以及他的著作之——《中国葫芦》。

3. 实践操作，把玩艺术

（1）新葫芦应在寒露前后采摘。

（2）打皮过程中应注意细节，谨记要用竹木刀打皮，切忌用金属刀具。

（3）打皮后的文玩葫芦的晾晒与放置，应当在避光通风荫凉处吊挂。

（4）当年的文玩葫芦是否可以直接上手进行把玩？新葫芦与晾晒后的老葫芦在把玩上手后又会产生怎样的差异？（把玩即"盘"，"盘"葫芦前期、中期、后期应当注意的细节）

（5）老北京人喜好玩"秋虫""冬虫"，由虫引出"虫器"，简单介绍"本长"葫芦和鸣虫葫芦。

4．文玩九美，福禄安康

进行以葫芦为创作元素的艺术品赏析，欣赏民间剪纸工艺、书画、瓷器、葫芦烙画、文玩平安挂件、鼻烟壶、葫芦造型吉祥龟等。

充实的内容，配以各种图片，讲解者和市民互动，课堂中传统文化、传统工艺学习的探讨话题不断，使"福禄"之音和谐地奏响。

谈 "葫芦鉴赏，感受文化"
市民学习课程的设计、实施与反思

——以 "鸣虫葫芦" 课为例

自我校转型工作开展以来，在校领导和教师们的努力下，先后开发了中小学生职业体验课、教师培训课程和针对社区教育开发的市民学习课程。由于受众群体的不同，即便是同样的课题，也会有截然不同的教育目标和授课方式。在开发市民学习课程的过程中，我校开放和共享学校资源，充分利用场地设施、课程资源、师资、教学实训设备等，积极筹办和参与到东城区社区教育工作中，为我区的市民们提供了丰富的课程，充分发挥了我校在社区教育中的作用。

在本学期的市民学习课程中，我加入 "我和葫芦有个约会" 市民学习课程团队，承担了 "葫芦鉴赏，感受文化——鸣虫葫芦" 一课，完成了 4 个社区 "鸣虫葫芦" 这一专题的课程教学。现对葫芦鉴赏这一课程的设计及我所负责的 "鸣虫葫芦" 课程的实施情况做一阶段性的梳理。

一、指导思想

2016 年 6 月 28 日，《教育部等九部门关于进一步推进社区教育发展的意见》（以下简称《意见》）发布，全面贯彻落实党的十八大和十八届三中、四中、五中全会精神，深入学习贯彻习近平总书记系列重要讲话精神，以促进全民终身学习、形成学习型社会为目标，以提高国民思想道德素质、科学文化素质、健康素质和职业技能为宗旨，加强基础能力建设，整合各类教育资源。充分发挥社区教育在弘扬社会主义核心价值观、推动社会治理体系建设、传承中华优秀传统文化、形成科学文明生活消费方式、服务人的全面发展等方面的作用。坚持以人为本，需求导向的原则。以学习者为中心，以学习需求为导向，为社区内不同年龄层次、不同文化程度、不同收入水平的市民提供多样化的教育服务。鼓励各级各类学校充分利用场地设施、课程资源、师资、教学实训设备等积极筹办和参与社区教育。

二、明确目标，开发适合市民的课程

（一）了解社区教育课程的特点

在我们开发社区课程之前，对我们的授课对象做了一番分析。课程一般以我区的市民为主要对象，因此我们称为"市民课"。如果说为我们中小学生授课的目的是让学生体验工艺师的职业特点，并进行体验，以期对学生未来的职业规划有所帮助，能够将我国传统文化传承下去，那么市民教育则更是体现课程的趣味性和贴近百姓的生活性，在休闲娱乐、体验乐趣的同时，感受生活中的文化，提升生活品质。

（二）选择贴近生活又富有文化内涵的课程内容

我国拥有博大精深的优秀传统文化，传统文化能"增强做中国人的骨气和底气"，是我们最深厚的文化软实力，是我们文化发展的母体。民族风俗、传统文化等都凝聚着人民对美好事物的向往，而民间百姓对于美好的向往则渗透在日常生活中；中国的葫芦文化源远流长，内涵丰富，葫芦另有的"福""禄""平安"等含义多被应用到文化教育、民间美术等各个领域。因此，象征美好的葫芦可以说是深受社区市民们的爱戴和欢迎。我们充分利用中小学生职业体验课程"妙手丹青绘福禄"的资源优势，继续挖掘葫芦文化，并在此基础上根据授课对象的不同来完成"葫芦鉴赏，感受文化"市民学习课程的开发。

（三）根据市民课程特点设计教学

我们的团队，是一个热爱传统文化、潜心学习传统工艺美术的团队，开设"葫芦"主题课程以来，我们系统了解葫芦的历史、文化，关注周围社会生活环境，从而为我们的知识储备打下基础。我们认真研读了《意见》和《北京市东城区社区教育课程大纲编写指导意见》，根据要求和规定，我们依照以下原则进行课程设计。

1. 课程目标的人本性和主体性

社区教育的目的是为了提升市民的整体素质进而促进整体社会的发展，因此，社区教育的课程也应以满足社区市民需求和社会全面发展需求、促进人与社会的和谐发展为目标。

我们坚持在课堂上让市民们发挥才能，在课程第一课上发给市民们葫芦种子，希望大家在学习了第一课之后，能够亲手种一种葫芦。"鸣虫葫芦"专题中，我们和市民们一起分享养虫心得，并鼓励市民用自己的葫芦做一把葫芦虫器，养一只叫得好听的虫。课堂中，我们围绕民主、积极和创造的主题来开展实践活动，使市民成为追求真、善、美的主体。

2. 课程内容的趣味性和实用性

由于市民在学习兴趣、原有知识、能力技能、固有经验方面有很大差异的特点，我们尽可能地选择适合市民特点的内容，贴合百姓生活，适应社区及市民实际而具体的特定需求，在课堂上满足市民对知识、能力的需求，激发他们的学习兴趣，体现趣味性和实用性。

为了突出课程的趣味性和实用性，我们特别设计了市民动手制作葫芦工艺品的专题课，如葫芦彩绘和用葫芦做茶勺，以求实效；每节课我们都会准备各种葫芦元素的小工艺品送给市民，并向市民讲述每一件工艺品的设计及寓意，以此来保持他们学习的积极性，使市民在课上乐于参与，在参与中自信起来。

3. 课程形式的开放性和灵活性

市民不是学生，课程的目的也不是单纯地重视学习结果。所以我们教授的内容、方法应以市民的实际情况而定，根据市民的接受能力、已有经验、课堂效果等差异适时调整，并充分发挥不同场所的作用，灵活做出内容上的修改，以便达到最佳教学效果。

三、"鸣虫葫芦" 课程的实施与反思

在本学期的市民体验课程中，我承担了"葫芦鉴赏，感受文化——鸣虫葫芦"一课的教学任务，完成了4个社区的"鸣虫葫芦"专题教学。我

们精心设计课程的每一环节，并在实施中进行了总结和反思。

环节一：了解鸣虫葫芦的起源与发展

本节课是在整个课程进程的中期来进行，市民已经了解和学习了中国传统文化赋予葫芦的寓意，通过欣赏优秀作品，激发起对葫芦这一"吉祥物"的兴趣。了解认识一种文化，就要先了解它的历史，这是对文化的尊重，也是一种学习的态度。所以，首先我向市民们讲述古时候鸣虫葫芦的兴盛到现今百姓把玩鸣虫葫芦、蓄养鸣虫的历程。这一环节作为本节课的引入，目的是为了使市民了解鸣虫葫芦在我国有着悠久的历史，而且一直以来都被人们所传承，时至今日，对于鸣虫葫芦也有相当多的讲究，这便引起了大家的兴趣——究竟有哪些讲究呢？

环节二：认识鸣虫和鸣虫葫芦

提到如今百姓对鸣虫葫芦的掌握程度，那便是本课程的优势所在了，我们北京本土的市民，家里或身边蓄养鸣虫的并不在少数，这为本课程的顺利开展打下良好的基础。我们将本课程设计为两大部分：鸣虫的介绍与鸣虫葫芦的挑选。从"说说您养过哪些鸣虫"这一话题开始谈起，给大家充分讲述自己养虫的故事和表达的机会。分享完经验之后，教师进行总结和提升。

在这一环节中，我发现，在我的课程设计和课间内容里介绍鸣虫和鸣虫葫芦两部分的内容是截然分开的，然而鸣虫和葫芦又是紧密联系的，当介绍鸣虫的时候自然会介绍到它的生长环境，同时会引出不同鸣虫所需不同的鸣虫葫芦。因此，把对鸣虫葫芦的详细介绍放置在介绍鸣虫之后，显然有些不妥。所以我将在今后的课程中对讲授的顺序微做调整，既然我们的主题是"葫芦鉴赏"，那么先与市民们交流鸣虫葫芦，待了解过鸣虫葫芦的知识后，再介绍葫芦中的"住客"，这样较为合理。

环节三：设置情景，与鸣虫面对面

单纯的讲解和音画的展示，远不如和鸣虫来一次面对面的接触。在对蝈蝈和葫芦的讲解过程中，我将"学材"——4只蝈蝈和不同样式的蝈蝈葫芦发到大家手里传看，与我所讲解的挑选要点进行对照，更直观地了解有关鸣虫葫芦的知识。

对环节二调整之后，这一环节就更水到渠成了。在讲解如何挑选好蝈蝈的同时，大家就可以仔细观察现场有几只蝈蝈了。对比来看，在以"葫芦"为主题的这几节课中，"鸣虫葫芦"这一节受到"学材"的限制是最大的，由于鸣虫是活物，无法大量存储，各种鸣虫的蓄养是个问题，因此可以给大家展示的鸣虫种类和数量都非常有限，而在第四环节中更体现出讲授多、体验少的问题。

环节四：学习葫芦虫器制作工艺，培养生活情趣

有了前期的课程基础，市民对葫芦有了一定了解，也知道葫芦可以结合人工技术来制作出各种葫芦器，虫器便是其中一种。它是经过"落翻儿"、刮里子、上口、加瓢盖等步骤完成的。一些基本工序是相对简单可操作的，所以我们提倡市民们可以挑选一把自己中意的葫芦进行虫器的制作，在动手的过程中体验成功的快乐，体验生活的乐趣。

课程计划中，我们希望将这一环节的内容实践出来，让市民在学习如何制作"落翻儿"、上口之后，真正动手做一把属于自己的葫芦器。然而这一环节，我建议大家课下进行，而非课堂上的动手实践。希望在今后本课的改良过程中，能够将这一体验项目设置到课堂当中来。

总的来说，本学期丰富多彩、形式多样的市民课程，不仅为社区的市民们提供了施展个人才华、培养兴趣爱好的平台，也开阔了市民的视野，使其了解了民俗文化。各个社区的市民对我们的课程也给予了充分的肯定。我们希望可以不断地完善现有的课程，给市民们提供更多亲身体验的机会，增强实践性与趣味性，并开发出更多既有文化内涵又深受市民们欢迎的新课程，让"葫芦文化"这一主题成为我们的优势项目。

摒弃不合理信念　创造健康快乐生活

——记一次社区讲座

李　爽

随着社会政治经济文化的发展，城市社区工作越来越受重视，社区附近的各级各类学校成为社区文化工作的重要资源，职业高中更具有独特的优势。自 2011 年起，我曾三次去社区讲课，2014 年撰写的《礼仪修养》《心理修养》被收入《北京市东城区社区教育课程大纲汇编》第一辑，2015 年撰写的《塑造健康心理，营造幸福生活》被北京市教育委员会、北京教育科学研究院收入《北京市社区教育课程教学大纲》。这一系列活动不仅让我对社区文化建设有了直观感受，同时也对转型中的职高教师的历史使命有了新的认识。现结合 2014 年 12 月为永外社区所做的一次心理健康讲座，谈一谈课程设计以及授课过程中的收获体会。以期得到同志们的指导、帮助，以便更好地服务社区。

一、课程设计背景、依据

此次心理健康讲座是应社区要求而做，讲座前被告知听课人员为中老年人。因此，本人做了相应的调查研究，确定讲座题目为"摒弃不合理信念，创造健康快乐生活"，主要依据是以下三个方面。

（一）理论依据——不合理信念与心理健康的关系

现代意义上的健康不仅指躯体的生理状态，还包括人的心理状态。心理健康的基本标准是，能够善待自己和他人，适应环境，情绪正常，人格和谐。其中情绪健康又是心理健康的重要标志。有心理学家认为，情绪健康与否取决于认知水平，非理性认知是导致情绪问题的根本原因，所谓非理性认知也可称为不合理信念。心理健康的人并非没有痛苦和烦恼，而是能适时地从痛苦和烦恼中解脱出来，积极寻求改变的途径，保持心情平静、愉快，使身心处于积极的状态。讲座题目即基于上述理论而确立。

（二）现实依据——中老年人心理健康现状

2013 年 9 月，北京市民政局发布的《北京市老年人口心理健康及需求状况调查研究报告》显示：13.5% 的老年人心理健康指数在正常水平以下，27.9% 的老年人渴望心理关怀，89.5% 的老年人希望社区定期开展心理健康公益讲座。还有调查显示，中国是自杀率偏高的国家，每年自杀者中1/3是 55 岁以上的中老年人。这一系列数字意味着在中老年人中开展心理健康教育的必要性与紧迫性。以社区为平台，传播心理健康知识，符合社区居民的需求。

（三）政策依据——党的十八大报告对公民心理健康的关注

心理健康关系个体和家庭的幸福，关系社会的和谐与稳定。2011 年，国家首次将"加强人文关怀，注重心理疏导"写进国家"十二五"发展规划。2012 年党的十八大再次提出："注重人文关怀和心理疏导，培育自尊自信、理性平和、积极向上的社会心态。"公民的心理健康已被视为国家软实力的组成部分，提到了精神素质、道德文化的高度。社区开展心理健康教育符合国家政策导向。

二、课程目标的确定与教学内容的选择、实施

根据社区意图和我的调查研究，确定本次课程的总目标是：通过介绍 ABC 合理情绪疗法，使学员学会分析引发情绪问题的不合理信念，改变认知，提高自我调节情绪能力，以积极的态度面对消极事件，快乐地生活。授课方式为讲授法和案例分析讨论法。

ABC 合理情绪疗法是美国心理学家埃利斯 20 世纪 50 年代创立的一种心理治疗方法。这个理论既可以用于心理治疗，也可用于自我心理调适。其核心概念是：A. 指诱发性事件；B. 指遇到诱发事件之后的看法、解释和评价；C. 指事件后的情绪及行为。生活中，我们通常认为事件导致了情绪，即 A 引发了 C，而埃利斯却认为是 B 引发了 C，即人们的信念、看法、理解是引起人的情绪及行为的直接原因，A 只是间接原因。因此，解决情

绪问题的关键不是改变事件，而是改变对事件的看法。理解这个理论并不难，难点在于运用，即当人遭遇一件不愉快的事情时，如何找出不合理信念并摒弃它。很多不合理信念都是在很长时间内形成的，与人的经历、学识、看问题的角度等很多因素相关。故讲课时我把重点放在案例分析讨论上，以提高学员的理论运用能力。

案例一

小张与小王既是同事又是邻居，平时关系不错。但有一天在小区相遇，小王从小张身边走过，没搭理小张，小张很生气，心想：不就是刚刚提为副处嘛，有什么了不起……

讨论这个案例时，大家顺利找到了事件的 A、B、C，但有人坚持认为是 A 导致 C，即小王没搭理小张，导致小张生气。对此，我没有急于纠正，而是展示了三幅两可图。面对两可图，学员们发现，因为侧重点、角度不同，看到的内容也不同。于是，我引导他们分析小王不理小张这件事，是不是也可从不同角度看，给出不同的解释。学员们想出了 5 种可能性：①小王没看清小张；②小王急着赶时间；③小王在想心事，心情不好；④小张得罪了小王，而小张自己不知道；⑤小王就是因为升官开始变得傲慢了。紧接着，我问大家：如果是前三种情况，小张会不会生气？大家一致认为不会，至此，大家认识到：小张不高兴不是因为小王没理他，而是因为他把"没理他"解读为"看不起人"，就是 ABC 理论所说的"B 导致了 C"。

接纳了"B 导致 C"这个结果仅仅是开始，更重要的是如何改变 C，即如何摆脱消极情绪。就这个问题，大家你一言我一语，最后得出的结论就是：要改变情绪就得改变对事物的看法。

案例二

儿媳生了孩子，要求婆婆每次抱孩子前洗手，还反对婆婆亲吻孩子，婆婆很郁闷，认为儿媳太"事儿"，嫌弃自己……

这个案例引起了热烈反响，有位学员说："我家儿媳就这样。"还有人说："邻居家的也这样。"一致认为：抱孩子要洗手，不能亲孩子是 A；婆婆认为儿媳嫌弃自己是 B；婆婆很郁闷是 C。但在讨论如何帮助婆婆改变情绪时分歧很大，学员们七嘴八舌，有人说，"别犯傻，别去看孙子"，有人说"儿媳妇应该改变一下",也有人说"孩子应科学抚养"。

我提出了4个问题:①负气不去看孙子是不是解决问题的最好方法?②真的是儿媳嫌弃婆婆吗?③作为婆婆,是改变自己还是改变儿媳?④怎样使婆婆摆脱负面情绪?

面对我的问题,学员发言踊跃,有的说:负气不看孙子很难做到,而且会更生气,导致家庭关系恶化;如果儿媳也这样要求娘家人和其他人就不能算嫌弃婆婆……随着讨论的深入,大家观点渐趋一致:无论婆婆还是儿媳,都不能强求对方改变;而很多成年人都携带幽门杆菌,幽门杆菌是可以通过唾液传播的,少亲吻年幼的孩子也是有科学道理的。至此,大家清晰地认识到:要改变情绪,使自己快乐起来,就要尝试着改变对事情的看法,改变一些固有的理念,同时要学习新知识,与时俱进。

紧接着,我介绍了埃利斯总结的"十一条不合理信念",简单介绍了不合理性信念的基本特征:绝对化要求、过分概括化、糟糕至极。重点讲了绝对化要求的特点是凡事都站在自己的角度认为"应该"和"必须",并通过案例,使学员们认识到,很多不合理信念就是来自"必须""应该"。

临近下课,我请学员谈学习感受,有的学员说:"看问题角度不同,结论就不同,今后遇事要换角度思考。"有的学员说:"ABC理论让人把注意力由事件转移到对事件的认识上,可以使人变得平静、理智。"还有的学员说:"不合理信念就是'必须''应该',少要求别人一份'应该''必须',自己就少一份烦恼,多一份快乐"。

三、体会与反思

此次讲座,从听讲和讨论情况上看,基本达到了预期目标。首先,听众基本上理解、接纳了ABC理论,认可"信念导致情绪"这一基本概念。初步树立了遭遇情绪问题找出ABC的意识;其次,知道要改变情绪,就要努力改变对事件的认识,改变固有的理念,学会从不同角度看问题。

能达到上述效果,原因有以下几点:①理论讲解少而精,通俗易懂;②所选案例贴近生活,能激发学员的探讨热情;③讨论法调动了学习积极性，为学员提供了充分表达和参与的机会，使学员成为课堂的主体；④教师能把控全局，当有人词不达意、跑题，当有人情绪化、因观点不同而面红耳赤时，能做到耐心倾听，适时地将话题引到核心问题上。

此次讲座，让我意识到：今后再为社区讲课，应做如下改进。①教师接受任务后，要尽可能在课前对学员进行初步调查，了解他们的年龄范围、教育背景、职业以及他们的需求，以使讲座更有针对性。以此次为例，课堂上目测学员年龄在35～70岁，与社区最初告知的有所出入。就心理健康而言，35岁与70岁的人分属两个年龄段，不仅心理健康标准不同，学习能力、兴趣点也有所不同。课堂上，学员的参与度的确反映出了年龄上的差异。②接受社区任务后，要尽可能与负责此项工作的社区工作者见面、沟通、交换意见，变被动为主动。上述两项工作都有助于取得更好的教学效果。

去社区讲课，课前压力很大，每次备课都小心翼翼，精心准备，唯恐有辱使命。而讲课过程则是一种享受，学员专注的眼神、恭敬的态度令人备受鼓舞，使命感和职业的崇高感油然而生。课后则是成就感与缺憾并存，总觉得还有很多地方可以改进。社区文化建设的蓬勃发展对于转型期的职高教师既是机遇，也是挑战。总结得失，交流体会，不断学习与提高，既有助于社区文化建设，也有助于我们自身的成长与提高。

转型发展 砥砺奋进

朱林海

为适应形势发展的需求，自 2015 年 9 月以来，学校全体教职员工积极转型，发挥职教资源优势，进行职业体验课程的开发与教学实施，为提升中小学生核心素养服务。

2017 年上半年，开设 25 门职业体验课程，接待全区 12 所中小学的学生到校参加体验课程学习，累计开课 1531 课时，比上学期增长 64%，接待学生 10895 人次，比上学期增长 36%。

一、转变观念 引领队伍

在北京市中等职业教育转型时期，引导广大教职员工转变思想认识，变"要我做"为"我要做"。只有思想认识到位，工作才能更为积极主动。学校文化是凝聚和激励学校全体成员进行教育教学改革的重要精神力量，因此，在转型中要做到以下 4 个方面。

（1）调整办学理念。例如，办学理念、共同愿景、学生培养目标、教师发展目标等的调整。抓好学校文化建设，发挥学校文化的导向功能、凝聚功能与激励功能，利用它所产生的"共生效应"和"魅力效应"弘扬正气、优化校风，对推动学校转型工作更好、更快地发展具有现实而深远的意义。

（2）加强组织管理。围绕学校转型工作，我们调整干部的岗位职责，调整职员的工作内容，重新进行组织架构。学校成立由校长为第一责任人的组织管理架构，确定一名副校长统筹管理，下设职业体验课程管理、教师培训课程管理、市民体验课程管理等部门，保障职业体验工作的顺利实施。

（3）构建项目团队。在征询教师发展意向的基础上打破原有教研组建制，重新进行团队构建，将专业相近、兴趣特长与发展意愿相契合的教师安排在一个团队。团队重组，实现文化课教师与专业课教师的融通发展，有助于教师打破原有的思维定式，在头脑风暴及思维的碰撞中更快、更好地实现全员转型，推动学校转型工作良性发展。

（4）完善管理制度。包括团队负责人岗位职责、体验课教师岗位职责、课程开发与课堂实施、课程耗材筹划与采购、送课下校工作流程等，保障工作的开展更加顺畅、合理、高效。

树立全员转型意识，完善制度、保障措施等，从而实现学校全员全方位转型。下一步还将调整工资方案，将学校工作引入转型发展轨道。

二、应对转型　打造课程

虽然是中等职业学校，但我们的教育服务对象发生了变化，因此必须转型。我们秉持以人为本的理念，为中小学生展望职业前景、规划职业生涯提供服务，确立了面向中小学生的培养目标，即通过实景仿真的体验式教学方法，引导学生了解职业、认识职业，培养职业意识，建立社会责任感以及客观了解自我。

（1）精心打造课程内容。两年来，我们从最初的 11 门课程到现在的 25 门课程，目前还在进行新课程开发，预计下学期将达到 50 门课程。每学期都将课程开发作为职业体验的重点工作之一，从最初的教师申报到学校的课程评审，再到课程实施，学校遵循课程开发工作要求与工作流程，扎实推进。

目前开发的体验课程归结为三大类，包括职业岗位类体验课程、应急文化类体验课程与综合素养类体验课程。一是充分发挥职业学校专业特色、实训基地资源与各专业职业文化氛围，如医学专业、财经专业、计算机专业等，打造职业体验课程，进行职业启蒙教育，让学生认识岗位要求、岗位职责、职业素养，形成正确的职业意识；二是让学生在体验过程中，认识应急文化，了解相关技能，提高防灾避险的能力；三是致力于传承与发扬中华民族优秀传统文化，积极推进"文化·传承2030"工程，让学生了解中华民族文化，感受优秀传统文化的魅力，提升综合素养。例如，前期开发并实施的中医药传统制剂体验、妙手丹青工艺师、茶艺、绳艺等课程，新开发的"趣味"非遗、童梦旅行社、拥抱传统——中国传统节日面面观、古法制香、感受非物质文化遗产魅力——油纸伞等。

目前我们上报青少院 30 门课程，本学期实施 25 项。后续还将不断跟进，进一步丰富我们的课程供给。

（2）恰当选择教学方法。转型中，教师注重加强学习，听讲座以及到中小学听课等，认真分析教学对象特点，针对不同学段学生的特点调整教学进度与教学方法。

（3）灵活安排实施方式。针对中小学校的不同需求，我们采取不同的组织实施方式。第一，基地授课。充分利用实训基地资源开展职业体验课程，让中小学生充分感受职业文化氛围，认识职业素养。第二，打包课程资源，送课下校，使中小学生不出校园就能享受到更丰富、优质的课程服务。在本学期，如"小小银行技能手""小小消防员""创意空间""一根红线结文化""珠算"等 10 个项目的课程走进精忠街小学，开启了学校职业体验的新模式。第三，"团队定制"的课程。6 月份，小学六年级毕业考试之后，接待定安里小学、天坛南里小学等学校的学生全天候来校体验。

下一阶段，学校的职业体验课程将尝试开始全天授课及有计划地采取送课下校的方式送课程到相关中小学，拓展体验课程的教学组织与实施。同时根据中小学对课程的预期，为学校提供"专属定制"式的职业体验课程内容。

三、多轮驱动 优化供给

职教转型期，学校采取"多轮驱动"的方式，搭建丰富的发展平台，彰显教师的价值。

（1）职业体验——展示职教转型的窗口。

（2）教师培训——深化教师发展的舞台。让教师发挥自身专业、特长为全区教师开展师训课程，如"制作视频教学资源""统计在教育教学实践中的应用"等课程，本学年开设 10 门课程，接待近 400 位教师参加学习。

（3）市民体验——创建终身学习的基地。职成社科搭建平台，开展市民教育课程，如中医养生、葫芦文化等课程，本学年共为 5 个街道的 500 多名市民授课。

（4）北京市初中开放性科学实践课——培育核心素养的摇篮。作为北京市初中开放性科学实践课的课程基地，本学年承接 28 门课，为来自全市 10 个区县 3138 人次的初一、初二学生授课。

目前存在的最大困难是体验课课时无法保证。学校通过跟中小学校面对面沟通，利用微信、微博、校园网等网络途径，宣传职业体验的相关课程与活动信息，加大宣传力度，充分发挥专业师资的优势、专业实训基地的资源等，为中小学生核心素养的培养提供更好的服务。

中等职业学校职业体验课质量
监控校本研究与实践

朱林海　魏　民

"十二五"后期，由于学龄生源减少，北京市中等职业教育面临着招生困难、缺乏发展活力。此外，依据国家及北京市相关政策要求、首都城市功能调整及中小学课程改革的需求，中等职业学校从自身定位出发，本着为区域服务的原则，利用自身的师资与实训基地资源，着手开展职业体验课程。我校同样面临这样的选择，迫切需要走转型发展之路。针对职业体验课实施过程中的问题，着手开展"中等职业学校职业体验课质量监控校本研究与实践"课题研究，对本校职业体验课的教学质量实施全面监控，以进一步提升课程质量和教学水平。

一、相关概念界定

（一）教育质量

教学质量的内涵与教育质量的内涵有着紧密联系。关于教育质量，《教育大辞典》的解释是，"教育质量是对教育水平高低和效果优劣的评价"，"最终体现在培养对象的质量上"，是指"教育水平高低和效果优劣的程度"。对此，国内外学者都有阐述，其中国内学者认为：教育质量应该包括3个内在相关的维度，即"为教学所提供的人与物的资源质量（投入）；教学实践的质量（过程）；教学成果的质量（产出和结果）"。教育质量的落脚点最终要体现在教学质量上。一个学校教学质量的高低在相当程度上反映了该校的教育质量。

（二）教学质量

什么是教学质量？如何来界定教学质量。有学者归纳了对教学质量的4种不同理解：第一种观点是把教学质量理解为学生质量。这种观点认为教学的目的是使每个受教育者尽可能得到全面的、和谐的发展。第二种观点认为教学质量是指教学效果，评价标准是教学大纲规定的教学目的、要求，应大幅度提高教学效率。第三种观点认为教学质量是教的质量和学的质量的组合，既要评教的质量，又要评学的质量。第四种观点认为教学质量是对教学提出的一定质量的要求，既要对学生的学习能力和学习成就上的变化做出估计，又要对教师的教授能力和教授效果做出估计。但由于授课质量决定着教学质量，因而认为对教师授课质量的评价是评价教学质量最重要的方面。

我国台湾地区有学者认为教学质量是探讨教学的本质并对其优劣加以评价，他们归纳出两个教学质量的相关概念：一是教学质量是相对的，随着教育目的及时代对教育的要求而有所不同。二是就现行教育体制而言，教学质量在范围上有不同的层次，整体教育制度所提供的教学质量；学校整体运作所提供的教学质量，包括课程规划、设计实施及教学资源运用、教师教学质量等；教师个人的教学质量，包括教师个人在课堂内外的整体表现。

总之，关于教学质量内涵，国外认为是对各种不同背景的学生提供从计划、教授到评价的一套最适宜的课程；而国内认为是教育学，特别是教学论研究的一个重要内容。

总体来看，教学质量是一个不断变化和发展的动态概念，不同时期，教学质量的内涵与外延不尽相同。在这里，我们认为教学质量是学校整体运作所提供的教学质量，包括课程规划、设计实施及教学资源运用、教师教学质量等。

（三）职业体验

关于职业体验，《现代汉语词典（第6版）》中定义，职业是个人在社会中所从事的作为主要生活来源的工作；体验是通过实践来认识周围的事物或亲身经历。总体来说，职业体验就是让中小学生通过模拟和体验成人的职业和角色来了解和接触真实的世界。

二、国内外研究现状

(一)"职业体验"的发展

关于职业体验的研究，如果追本溯源，应该上溯到体验式培训。在20世纪初的德国，科翰（Kurt Hahn）思考了这样的问题：有没有更好的方式，让教育更丰富？因为他相信每个人都有更多的勇气、力量和善良。他希望创造一种环境，让人们不必通过真实的艰险、自我怀疑、厌倦、受嘲笑等经历，就能领悟和发现真理，认识自己，了解别人。1934年，科翰同他人一起创办了Gordonstoun School，培训年轻海员在海上的生存能力和船触礁后的生存技巧。这应该是最初的体验式培训。

1941年，汉思等人在英国威尔士的阿德伯威成立了一所海上生存训练学校，培养海员坚定的意志和强健的体魄，从而提高他们在恶劣环境下生存的能力。第二次世界大战结束以后，这种成功的培训模式在更广泛的领域推广开来，训练对象得到扩大，培训目标也得到扩展。经过近半个世纪的不断完善与内容创新，到20世纪80年代之后，现代意义上的体验式培训已经悄然进入了世界各地的教育培训领域。

20世纪80年代，美国大卫·库珀在以前学者的研究基础之上，提出了体验式学习模型（experiential learning model，ELM）。该模型强调亲身体验在学习中的重要性，通常将被培训者置身于特定的场景或事件中（亲身体验），对于自身所亲历的事件发表看法，进行反思（观察反省），形成有关思想、感觉、联想及其他观察的资料（经验资料），进而运用理性逻辑分析资料，在自己已知的知识中寻求类同的体验（总结领会），并将形成的初步结论、新知识运用到实践中去。整个过程将学习、转变及成长三个过程加以整合，强调做中学及资源的共享与应用的重要性。至此，体验式培训拥有了科学的理论体系作为指导。

体验式培训包括三个方面：培养态度；发展和练习技巧；促进对主题概念及模式的了解。

体验式培训本质的4个主要特质：一是学习者对于正在发生的学习及

过程是能够察觉的。二是学习者投入到省思的体验中，并且连接当下的学习到过去、现在和未来。三是那些体验和内容是独具个人意义的，对当事人而言，学到了什么和如何学到的，有着特别的重要性。四是过程牵涉完整的自己——身体、想法、感觉和行动，不只是关于心智，学习者是整个人全然投入的。

发展到如今的职业体验，目前研究比较集中地体现在高职的职业生涯规划教育课程中。我国高职教育的根本任务是培养面向生产、建设、服务和管理第一线所需要的高技能人才。因此往往通过设计规划综合实训项目作为培养这种能力的重要载体。在综合实训项目中，以教师为主导，以学生为主体，组织学生全程参与、控制学生高质量完成岗位工作任务，达到综合提高学生理论应用于实践的能力、创新能力、动手能力及其团队精神和职业素养。

到中小学阶段，不论是杜威提出的"教育即生活"，还是陶行知倡导的"生活即教育"，都阐明了生活之于教育的重要意义。体验生活、认知职业，是中小学生连接未来的一门重要课程。为使学生关注职业领域，增进职业认识，形成初步的职业选择意向和初步的创业意识，了解从事职业活动必须具备的劳动保护知识和相应的职业技能与道德；关注本地区的经济发展和人才需求，实现学习或就业的初步规划，要求选择适合的主题内容，实施形式多样的职业体验活动。然而在实践操作方面，近年来，开展比较多的是儿童的职业体验，让儿童通过模拟与体验成人的职业和角色来了解和接触真实的世界。

（二）"教学质量监控"研究

关于教学质量监控，国内高职高专方面研究比较多。在"中国知网"检索"中等职业教育教学质量评价研究"，结果有 131 条，检索"中等职业教育教学质量监控评价研究"，结果有 239 条，其中高职教育占绝大多数。围绕构建与完善高职高专教育教学质量监控与评价体系开展研究，以就业为导向，建立教学质量体系，以评价为手段，完善教学管理制度，规范教育教学行为，制定完善高等职业教育教学质量监督、考核体系与评价机制的具体措施。

中职方面的研究却相对薄弱，"中等职业教育教学质量评价研究"的检索，与中职相关的仅有 36 条。目前，不少省市对中职学校教育质量评价还处在试验阶段，即使教育行政部门和科研机构也鲜有统一的评价方案。针对质量监测评价指标体系不够完善，缺乏统一的质量检测标准，信息技术数据采集方式和数据分析方法不科学、技术落后等问题，2014 年，北京教科院职成教研中心开展了"职业学校专业设置与教学质量监测评价"项目研究工作，研究提出评价教育质量时侧重人本评价、目标评价、综合评价、外部评价，评价教学质量时侧重过程评价、动态评价、环节评价和内部评价。

三、研究设计

（一）研究目标和研究假设

1. 研究目标

结合具体的职业体验课实践，研究影响职业体验课质量的要素，进一步完善课程设计与课堂教学设计。

研究职业体验课教学评价，制定职业体验课教学质量监控指标，以评价促进职业体验课质量的进一步提升。

2. 研究假设

教学质量监控体系是一项全方位、全程性的质量管理系统工程。我们根据学校的职业体验课定位，围绕质量控制过程，建立组织机构，合理制定相应的指标体系，对影响职业体验课教学质量的诸要素和教学过程的各个环节实施监控，确保提高职业体验课的质量。

（二）研究内容

1. 观察职业体验课，研究实施过程中的问题。

2. 研究职业体验课教学评价，制定职业体验课教学质量监控指标。

3. 规划职业体验课，完善职业体验课的课程设计与课堂教学设计。

（三）研究方法

在研究过程中主要采取行动研究的方法，即在研究过程中，我们基于解决问题的需要，将问题发展成主题进行系统的研究，并以解决学校职业体验课教学方面遇到的实际问题为目的，交替使用多种方法的实践研究。一是采用调查法，通过对参加体验课的中小学领导和教师的访谈，了解课程需求。二是采用观察法，对学校的职业体验课进行全面听课，了解职业体验课实施中存在的困难与问题。三是采用文献研究法，收集有关教学质量、教学质量监控、教学质量评价等方面的研究成果，为我们的研究进行理论指导。四是采用个案研究法，选定典型课例进行深入研究，以点带面，推进职业体验课质量全面提升。

四、研究的实施计划及人员分工

课题研究主要分为三个阶段。

课题准备阶段（2016 年 3 月～8 月）

本阶段是调查研究阶段，主要是组建研究小组，组织成员进行调查研究。主要包括：①深入课堂听课，研究职业体验课实施中的问题。②制订调查方案，对来校体验的中小学进行调研。③进行本课题国内外现状研究，并分析自身需求，确定研究方向。④完成课题的开题论证。

（以上内容主要由课题负责人与科研室负责人共同完成）

课题实施阶段（2016 年 9 月～2019 年 1 月）

本阶段为课题研究的重要阶段，课题组全体成员要按计划认真实施、开展课题研究。对研究中出现的问题要召开课题组会议，集思广益，采取最佳方案解决；对研究中出现的共性问题，要结合学校实际，随时对方案进行补充和调整，以确保研究顺利进行。

（这一阶段的研究由课题负责人、信息办公室、科研负责人与课题组成员共同完成）

课题总结提炼阶段（2019 年 2 月～6 月）

本阶段为结题阶段，按照研究方案进行总结，整理资料（包括研究经验汇编、论文集、案例集等），撰写研究报告，呈报结题报告等，完成结题鉴定工作。

（这一阶段的研究由课题负责人与科研室负责人共同完成）

五、我们的思考

（一）研究影响职业体验课质量的要素，进一步完善课程设计与课堂教学设计。

鉴于北京中职的发展现状，学校应充分利用现有实训基地及专业课师资开展基于中小学生的职业体验课教学，然而在实施中存在一些问题，影响了职业体验课质量。为此，我们拟结合具体的职业体验课实践，分析职业体验课实施过程中存在的问题。针对存在的问题，借鉴体验式培训学习的相关理论，完善课程设计与课堂教学设计，为职业体验课的实施奠定坚实的基础。

（二）制定职业体验课教学质量监控指标，以评价促进职业体验课质量的进一步提升。

现在开展的职业体验研究，在高职高专方面的研究较多，在中小学方面的研究较少，而且多是商业运作，缺乏监控机制研究，无法保证课程质量。在研究中，我们拟借鉴教学质量监控的理论与实践经验，研究成立一定的组织机构，按照一定的程序，对影响职业体验课教学质量的诸要素和教学过程的各个环节，进行积极认真的规划、检查、评价、反馈和调节，进一步提高教学水平，提升职业体验课质量。

总之，我们进行"中等职业学校职业体验课质量监控校本研究与实践"课题研究，一方面，破解了学校发展困境；另一方面，打造了中小学课程实践基地，为基础教育课程改革、区域教育发展发挥了积极的促进作用。

北京现代职业学校职业体验课程
课堂教学调研分析报告

2015—2016 学年度

陈 亮

北京现代职业学校在 2015－2016 学年度第二学期，进一步探索职业体验课程建设，对本学期所有参与职业体验课程的 14 所中小学学生开展问卷调查，通过对教学内容、教学方法和课程满意度等几个方面收集的数据进行统计分析，找出北京现代职业学校职业体验课程中存在的部分课程教学内容与学生的实际情况差距较大，课程的适应性较低的原因。同时也找出了适合中小学生职业体验课程的经验。教学内容的明确性，课程设计的趣味性，以学生为主体的课堂组织形式，是开展好职业体验课的保障。通过此次调查分析，为今后开展职业体验课程积累了重要的经验。

一、调查问卷设计

（一）问卷设计目的

此次下发问卷为学生问卷，通过这张问卷主要了解学生对职业体验课程的整体满意情况、教师课堂教学组织情况和教师课堂教学内容情况等相关信息。根据这些数据进行分析汇总，找出不同学龄段学生较适合的课堂教学组织形式，总结出不同学龄段的学生对职业体验课程课堂的期望，从而帮助教师改善课堂教学质量。

（二）问卷设计

本问卷共设计 10 道选择题，其中单项选择题 9 道，多项选择题 1 道。问卷设计的 10 题中主要反映 4 个方面的信息：学生的基本情况、课堂教学内容情况、课堂教学组织情况和课堂综合评价。

在学生的基本情况部分，主要包括学生的基本信息及选课信息；在课堂教学内容情况部分，主要以教学内容、教学重点和教学为切入点；在课堂教学组织情况部分，主要包括课堂氛围、教学组织形式和教师指导，此三部分各三题；在课堂综合评价部分，主要了解学生对所上课程的整体满意情况，此部分共一题。

通过对 4 个部分信息的收集与整理，了解目前职业体验课程整体授课情况，找出课程当中存在的不足，尽可能地从问卷中找到今后调整课堂教学的有效方法，最终为提升职业体验课程课堂教学质量提供依据。

二、职业体验课程整体情况

本次调查共下发调查问卷 2306 份，收回 2306 份，其中有效问卷 2269 份，无效问卷 37 份，问卷有效率为 98.4%。

（一）学生基本情况整体分析

在本学期调查的参与职业体验课程的学生中，涉及小学六个年级，初中两个年级的学生，基本情况见表 1、表 2。

表 1 学龄情况

第 1 题：你的年级		
选项	人数	比率
A. 三年级以下	57	2.51%
B. 四年级	611	26.93%
C. 五年级	773	34.07%
D. 六年级	566	24.94%
E. 初中	262	11.55%
合计	2269	100.00%

表 2 性别情况

第 2 题：你的性别		
选项	人数	比率
A. 女	1018	44.87%
B. 男	1251	55.13%
合计	2269	100.00%

通过表1可以看出，本学期体验课开设整体情况，职业体验课程主要面对的学生群体是小学四年级至六年级的学生，这部分学生占全部体验学生的85.94%，是目前职业体验课程主要的授课群体。表2中反映本学期职业体验课程所面对的学生群体男女生比率基本相当，课堂教学质量受学生性别影响不大。

在分析学生学龄与性别特点的基础上，进一步分析学生选课情况，见表3。

表3　选课情况

第3题：本学期你体验过的项目		
选项	人数	比率
A. 茶艺	244	10.75%
B. 人体的奥秘	196	8.64%
C. 我是小小消防员	158	6.96%
D. 3D 记梦馆	135	5.95%
E. 我是小小工艺师	174	7.67%
F. 珠算	125	5.51%
G. 银行小小技能手	210	9.26%
H. 我身边的那些税	94	4.14%
I. 素质拓展	233	10.27%
J. 小小电脑维修师	138	6.08%
K. 中医药传统制剂体验	332	14.63%
L. 认识细菌	205	9.03%
M. 血液的奥秘	98	4.32%
N. 我是小小收银员	354	15.60%
O. 我是魅力小导演	140	6.17%
P. 照片 DIY	211	9.30%
Q. 手把手教你开网店	215	9.48%
R. 我是小小物流员	201	8.86%
S. 金牌小客服	73	3.22%

通过学生选课数据进行分析，可以看出本学期所开设的19个体验项目，选课学生人数不均衡，存在着部分项目选课人数较多，部分课程无人问津。"我是小小收银员""中医药传统制剂体验""茶艺"这三门课程的

选课人数分别为 354 人、332 人和 244 人，分别占调查人数的 15.60%、14.63% 和 10.75%；选课率较少的课程主要有"金牌小客服""我身边的那些税""血液的奥秘"，这三门课程选课人数分别为 73 人、94 人和 98 人，分别占调查人数的 3.22%、4.14% 和 4.32%。通过选课统计结果可以看出，贴近学生生活和认识规律，并且课程能够与学生在校课程联系较紧密的课程选的人数较多；而理论性较强，且与学生日常生活相对较远的课程选课较少。

（二）课堂教学内容整体分析

教学内容是决定教学效果的一项重要内容，针对本学期的职业体验课教学内容的调查中，重点对课程内容和教学重点两个方面进行了调查，统计结果见表 4 ~ 表 6。

表 4　教学内容知晓率

第 4 题：你是否每节课上都知道这节课学习的内容？		
选项	人数	比率
A. 知道	1583	69.77%
B. 偶尔知道	525	23.14%
C. 不知道	161	7.10%

表 5　对课程内容感兴趣程度

第 5 题：你对教师上课的内容感兴趣吗？		
选项	人数	比率
A. 每节课都感兴趣	1630	71.84%
B. 几节课感兴趣	576	25.39%
C. 都不感兴趣	63	2.78%

表 6　教学效果统计表

第 6 题：你对教师授课时反复强调的内容是否都学会了吗？		
选项	人数	比率
A. 全部学会	1591	70.12%
B. 部分学会	655	28.87%
C. 一点儿都没学会	23	1.01%

通过表 4～表 6 中的数据可以得出：对课程内容知晓情况中知道教学内容的学生共 1583 人，占样本总量的 69.77%；对每节课都感兴趣的学生有 1630 人，占样本总量的 71.84%；对所学内容全部学会的学生有 1591 人，占样本总量的 70.12%。通过这一组数据可以看出，学生对课程内容的知晓情况和对课程内容的感兴趣程度均在 70% 左右，正好与学生最终的学习效果相近。所以，教学内容要让学生了解，并激发学生对教学内容的学习兴趣，有助于学生对教学内容的掌握。可以得到结论：学生对课程内容的知晓情况与感兴趣程度对教学内容的掌握呈正相关。

（三）课堂教学方法分析

课程的教学效果除了有一个好的教学内容设计，课堂教学方法也是非常必要的，它是教师能否按照教学设计顺利地完成教学实施的保障。对于中等职业学校的教师，对于体验课程所面对以中小学生为主体的授课对象，正确的教学方法和课堂组织方式成为教学实施的关键因素。在对本学期完成体验学生的问卷调查中，就针对课堂教学组织方面进行了研究，问卷所反馈出来的信息见表 7～表 9。

表 7　课堂教学气氛统计表

第 7 题：你觉得体验课上的气氛是什么样的？		
选项	人数	比率
A. 气氛活跃	1785	72.33%
B. 气氛一般	582	23.58%
C. 气氛沉闷	101	4.09%

表 8　学生喜欢的教学方式统计表

第 8 题：你最喜欢的课堂学习方式是什么样的？		
选项	人数	比率
A. 以教师的讲解为主，学生认真听讲	135	5.47%
B. 师生互动，以教师的启发为主	681	27.59%
C. 在教师的指导下，以学生自主、合作学习为主	1652	66.94%

表9 学生课上受关注度统计表

第9题：在体验课上，教师会经常对你进行指导、帮助和表扬吗？		
选项	人数	比率
A. 经常	1106	44.81%
B. 偶尔	1214	49.19%
C. 从未有过	148	6.00%

通过以上三个方面的调查，目前学校职业体验课程的教学过程中，课堂教学氛围较好，学生喜欢在课堂氛围轻松愉悦的环境下进行体验活动。在课堂学习过程中，学生比较喜欢自主合作学习和师生互动的教学方式，使课堂教学更加开放、自由。在体验课程的教学过程中，学生感到受到教师关注程度的调查中，课堂上被教师经常鼓励的学生有1106人，占样本总量的44.81%，偶尔受到教师鼓励的学生有1214人，占样本总量的49.19%，而从未得到过教师鼓励的学生有148人，占样本总量的6%。从这项统计数据中可以得出，课堂上绝大部分的学生都得到了教师不同程度的关注，仅有一小部分学生没有得到教师的关注，而对于这一小部分学生的关注程度，还应该进一步提高，尽量让每一名学生都能够在课堂上得到教师的鼓励，从而更好地调动学生在体验课堂中的学习兴趣。

（四）小结

通过对2468名体验学生样本整体分析和统计，了解学生们对职业体验课程开展过程中的整体评价见表10。

表10 学生对职业体验课整体评价统计表

第10题：你对上过的体验课整体评价如何？		
选项	人数	比率
A. 满意	1754	71.07%
B. 较满意	503	20.38%
C. 一般	173	7.01%
D. 不满意	38	1.54%

通过学生对职业体验课程整体评价可以得出，学生对课程整体满意率

达91%，本学期开展的职业体验课程得到绝大多数学生的肯定与认可。但表示一般与不满意的学生占样本总量近9%，课程还需要加强对部分学生个性化需求的设计与引导。

三、结论

通过对此次调查的4个部分，即学生的基本情况分析、课堂教学内容情况分析、课堂教学组织情况分析和课堂综合评价分析，重点将评价课堂质量因素确定为学情、教学内容、教学方法这三个基本评价标准。在对样本2269份有效问卷进行统计分析过程中，找出学生对目前职业体验课程开展过程中存在哪些问题，以及目前在课程研究和探索过程中哪些方法是行之有效的，从而积累一定的经验。通过对此问题的分析研究，可以得到以下几个方面的结论。

（一）职业体验课程选课情况不均

在开设的19个职业体验项目中，全部课程均进行教学实施，但是不同项目选课的学生存在着较大的差异。选课最多的项目是"小小收银员""中医药传统制剂体验"两个项目，参与这两个项目的学生均超过了300人，而本学期参与人数最少的三个项目分别为"金牌小客服""我身边的那些税""血液的奥秘"，这三个项目参与的人数均不足100人。通过对选课人数分析，可以看出19门职业体验课程受学生欢迎程度是不同的，课程的活力存在着较大的差距。通过这个结果，可以得出主要原因有以下三点。

第一，学生对课程认知存在着偏差。中小学教师和学生在选课过程中，最主要的依据是通过学校的宣传和项目一览表中的项目介绍，通过这些信息诱导教师和学生进行课程选课。然而课程名称和课程简介对课程的亮点和特点介绍得不够明确，很有可能误导教师和学生对项目本身造成错误的判断，从而影响选课结果。

第二，课程内容不适合中小学的实际学情。目前开设的职业体验课程中，部分课程的教学起点绞高，需要学生具有较强的知识基础和认知水平，这类课程往往会受到学生实际情况的制约，导致学生无法选课，从而降低了课程的选课率。

第三，课程设计贴近生活，易得到学生与教师的青睐。通过选课人数的情况，可以直接看到越是贴近学生日常生活的项目，越是受到学生与教师的肯定，这些项目的内容可能不会很难，但是它们能够与学生的日常生活相呼应，使学生在体验前和体验后与现实的实际生活相印证，从而使他们更好地对职业岗位有较为理性的认知。

（二）课堂教学内容越明确，教学设计趣味性越高，教学效果越好

职业体验课的成功与失败最主要是看教学效果，学生能否在体验过程中真正得到收获是评价体验课的关键。而教学内容在整个体验课程中是否明确，让学生有针对性地开展体验活动是保证教学效果的重要条件。在分析过程中，教学内容越明确，最终学生的体验收获也越明显，教学效果亦越显著。而在教学设计过程中，注重激发和保持学生的学习兴趣，对提高教学效果起到了重要的作用。学生只有在一个轻松愉悦的体验环境下，在学习兴趣的激励下完成体验活动，才能够很好地促进课堂效果。

（三）轻松愉悦的体验氛围有助于学生开展职业探索

轻松愉悦的体验氛围有助于让学生发挥自己的天性，充分地对体验内容开展体验活动。而营造一个轻松愉悦的体验氛围，需要教师做好相应的课堂教学设计，对课堂教学过程中发生的突发事件采取恰当的方式进行处理。但好的教学设计是需要对学情有充分了解的基础之上才能够完成的。因此，体验氛围的营造，需要教师们深入地了解学生的实际情况，采用适合不同学龄学生的教学方式和教学方法，配之以教师自身所形成的教学艺术，才能够打造一个学生喜欢的体验氛围。

（四）以学生为主体的课堂组织方式，使课堂更具有活力

对于以体验为主的职业体验课程，课堂的组织方式应该秉承以学生为主体的课堂教学理念。在职业体验课程的课堂上，教师应充分调动与发挥学生对体验内容的兴趣与主动性，采用以教师指导、学生合作的方式组织课堂教学，让学生能够有充足的时间体验课程，体验过程中有交流、有思考、有合作，培养和锻炼学生的综合素质与能力，从而促进学生核心素养的形成。

四、结束语

职业体验课程作为北京市中等职业学校在面临转型过程中的方向，还需要进一步脚踏实地地深入探索与实践。目前的职业体验课程依旧处于不断探索与实验的阶段，还需要依靠广大的中小学开展研究工作。同时，还要进一步找准职业体验课程的定位，明确职业体验课程对人才培养中的方向、作用与意义。在探索与实践的进程中，还需要加大与广大中小学和中高考改革的联系，使中等职业教育在全市教育产业中准确定位。

附件：

北京现代职业学校职业体验课程课堂教学调研问卷

亲爱的同学：

　　近一个学期的体验课学习即将结束，针对你在这一学期的学习体会和感受进行调查，请你根据自己的真实情况进行填写。谢谢你的配合！

1. 你的年级（　　　）

　　A. 三年级以下　　　　　B. 四年级　　　　　　C. 五年级

　　D. 六年级　　　　　　　E. 初中

2. 你的性别（　　　）

　　A. 女　　　　　　　　　B. 男

3. 本学期你体验过的项目（　　　）（可多选）

　　A. 茶艺　　　　　　　　B. 人体的奥秘　　　　C. 我是小小消防员

　　D. 3D 记梦馆　　　　　 E. 我是小小工艺师　　F. 珠算

　　G. 银行小小技能手　　　H. 我身边的那些税　　I. 素质拓展

　　J. 小小电脑维修师　　　K. 中医药传统制剂体验　L. 认识细菌

　　M. 血液的奥秘　　　　　N. 我是小小收银员　　O. 我是魅力小导演

　　P. 照片 DIY　　　　　　Q. 手把手教你开网店　R. 我是小小物流员

　　S. 金牌小客服

4. 你是否每节课上都知道这节课学习的内容？（　　　）

　　A. 知道　　　　　　　　B. 偶尔知道　　　　　C. 不知道

5. 你对教师上课的内容感兴趣吗？（　　　）

　　A. 每节课都感兴趣　　　B. 几节课感兴趣　　　C. 都不感兴趣

6. 你对教师授课时反复强调的内容是否都学会了吗？（　　　）

　　A. 全部学会　　　　　　B. 部分学会　　　　　C. 一点儿都没学会

7. 你觉得体验课上的气氛是什么样的？（　　　）

　　A. 气氛活跃　　　　　　B. 气氛一般　　　　　C. 气氛沉闷

8. 你最喜欢的课堂学习方式是什么样的？（　　）

    A. 以教师的讲解为主，学生认真听讲

    B. 师生互动，以教师的启发为主

    C. 在教师的指导下，以学生自主、合作学习为主

9. 在体验课上，教师会经常对你进行指导、帮助和表扬吗？（　　）

    A. 经常　　　　　　B. 偶尔　　　　　C. 从未有过

10. 你对上过的体验课整体评价如何？（　　）

    A. 满意　　　　　B. 较满意　　　　C. 一般　　　　　D. 不满意